Stefan Hasselmann

Glücksorte in & um Weimar

Fahr hin und werd glücklich

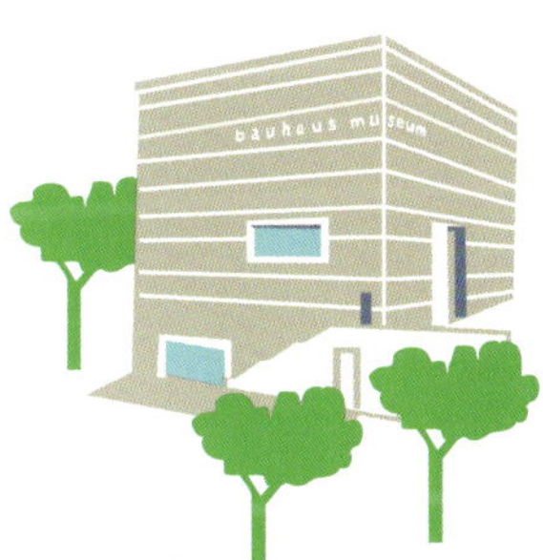

Droste Verlag

Dieses Buch gehört

Liebe Glücksuchende,

wenn man in Weimar aufgewachsen ist, verliert man leicht den Blick für die Schönheiten der Stadt.
Goethe und Bauhaus, Ilmpark und Kunstfest – man nimmt es wie selbstverständlich hin. Doch dann geht man eine Zeit lang weg und spürt, dass der Reichtum dieser Stadt, ihre Schönheit und Vielfalt von kaum einer anderen Stadt erreicht wird. „Wo bin ich nicht überall gewesen", sagte Goethe einst, „doch ich bin immer wieder gern nach Weimar zurückgekehrt."
Wenn man in Weimar aufgewachsen ist, sind einem all die Sehenswürdigkeiten vertraut, die wunderbaren Plätze voller Geschichte und Geschichten. Aber man kennt auch die kleinen Orte des Friedens, an denen das Herz zur Ruhe kommt, die Seele neue Kraft tankt, die einen leichter werden und das Glück spüren lassen.
Dorthin möchte ich Sie mitnehmen. Damit Sie ebenfalls immer wieder gern hierher zurückkehren.

Ihr Stefan Hasselmann

Deine Glücksorte ...

1 Zwischen allen Orten
Am Donndorfbrunnen im Zentrum der Stadt 8

2 Die Nähe des Geistes
In Goethes Wohnhaus und Museum 10

3 Der Blick in die Weite
Auf einer Bank im Park an der Ilm 12

4 Der stilvolle Wintergarten
Kulinarische Überraschungen bei ANNO 1900 14

5 Weitblick und Einkehr
Vom Turm der Prinzessin zum Einhorn 16

6 Liebe, Gold und Farben
Einfach schöne Dinge bei der Stadtelster 18

7 Kunst und Kulinarik
Vielfältige Genüsse im Köstritzer Spiegelzelt 20

8 Wie bei guten Bekannten
Bürgerlicher Alltag im Kirms-Krackow-Haus 22

9 Rom an einem Tag
Italienisches Flair im Römischen Haus 24

10 Aromen und Kulturen
Mehr als nur süß: Koriat Kuchenmanufaktur 26

11 Die Leichtigkeit des Seins
Politik und Kunst im Künstlergarten 28

12 Am rauschenden Bach
Beschaulichkeit am Buchfarter Mühlenladen 30

13 Ein Fest der Sinne
Geschmacksvielfalt in der Teeboutique Weimar 32

14 Unter Freunden
Einkehr in den Goethebrunnen 34

15 Schönheit des Verfalls
Ruine und Tempelherrenhaus im Park 36

16 Ein prominenter Gutsherr
Auf dem Wielandgut in Oßmannstedt 38

17 Im Silbernen Zeitalter
Zu Besuch im Liszt-Haus 40

18 Zwischen Stein und Fluss
Das Nadelöhr im Park an der Ilm 42

19 Mehr als nur Kinderkram
Schönes und Nachhaltiges bei Matz und Murkel 44

20 Gesundes für alle Sinne
In Thüringens erstem Radfahrerhotel 46

21 Eine andere Welt
Durch den Brühl zum Flussufer 48

22 Allerlei Leckeres
Der Thüringer Spezialitätenmarkt 50

23 Die einfachen Genüsse
Eine Einladung in die Brotklappe 52

24 Der Atem der Geschichte
Besinnlichkeit auf dem historischen Friedhof 54

25 Ein Denkmal für die Liebe
Der Stein des Glücks in Goethes Garten 56

26 Das Kleinod im Grünen
Erholung im Kurpark in Bad Berka 58

27 Die Lotte in Weimar
Im Kirschbachtal 60

28 Hofidyll am Flussufer
Das Deutsche Bienenmuseum 62

29 Kunst und Experiment
Theater im E-Werk 64

30 Die Wiege der Moderne
Das Neue Bauhaus-Museum 66

31 „Sieh nur, sieh ...!"
Üppige Parkarchitektur entlang der Ilm 68

32 Das Ganze im Kleinen
Kaffee, Kultur und Kontakte im Fama Café 70

33 Buntes Treiben im Mai
Der größte Flohmarkt Thüringens 72

34 Das Kunstschloss im Wald
Inspiration und Idyll im Schloss Ettersburg 74

35 Geschützt und geschmückt
Im Schirmmuseum von Annelies Pennewitz 76

36 Das Glück der Erde ...
Mit der Pferdekutsche durch Weimar 78

37 Alles Gute beieinander
Entspannung im Familienhotel Weimar 80

38 Wer will Wirklichkeit?
Mythisches in der Wasserburg Kapellendorf 82

39 Im Zauberland
Ästhetik und Ethik im Schauschau 84

40 Das einfache Glück
Eiscreme und Törtchen im Biebereis Eiscafé 86

... noch mehr Glück für dich

41 Zwischen Nixen und Ähren
Pfarrkirche St. Peter und Paul am Stadtrand ... 88

42 Das Dorf in der Stadt
Weihnachts- und Wintermarkt in der Innenstadt ... 90

43 Das Herz der Stadt
Herzogin Anna Amalia Bibliothek ... 92

44 Kultur mit Tiefgang
Im Verborgenen der Parkhöhle ... 94

45 Wo Wünsche wahr werden
Glücksversprechen im Café Wünsch Dir Was ... 96

46 Im barocken Blumengarten
Park Belvedere – die schöne Aussicht ... 98

47 Schöner schlendern
Glück und Genuss in der Windischenstraße ... 100

48 Wiese mit Riese
Die grüne Oase am Frauenplan ... 102

49 Die wilden Zwanziger
An der Bauhaus-Universität ... 104

50 Vom Taumeln und Träumen
Vielfältige Natur im Hengstbachtal ... 106

51 Besser als Heimkino
Filmkultur im Lichthaus ... 108

52 Im Namen der Zwiebel
Unterwegs auf Thüringens größtem Volksfest ... 110

53 Ein Kleinod im Nordkreis
Die Thüringer Kloß-Welt in Heichelheim ... 112

54 Genuss mit vielen Facetten
Kultur und Köstlichkeiten im ACC ... 114

55 Von freudvollen Fehlern
Zu Besuch im Antiquariat Zwiebelfisch ... 116

56 Auf historischem Pflaster
Die Geschichten der romantischen Seifengasse ... 118

57 Beglückende Bescheidenheit
Orgelmusik in der Dorfkirche Denstedt ... 120

58 Stimmungsvoller Auftakt
Ein Ruhepunkt am Eingang des Ilmparks ... 122

59 Sommerliche Hochkultur
Internationale Gäste beim Kunstfest Weimar ... 124

60 Der Blick von oben
Hochschule für Musik in der ehemaligen Kaserne ... 126

61 Mittendrin und bei sich
Das Keramikatelier Keraminka 128

62 Auf den zweiten Blick
Historie und Moderne im kleinen Mellingen 130

63 Im Herzen der Stadt
Entdeckungen rund um den Herderplatz 132

64 Hier fühlt man sich wohl
Zusammenkommen in der Other Music Academy 134

65 Idee des Gesamtkunstwerks
Das Haus Hohe Pappeln 136

66 Mehr als Ahornsirup
Ein Stück Kanada im Maple Bistro 138

67 Der Urlaub im Urlaub
Läutraquelle im Park an der Ilm 140

68 Selbstporträt mit Prominenz
Am Goethe-Schiller-Denkmal 142

69 Mit und für Köpfchen
Das Atelier Die Zwillingsnadeln 144

70 Im Märchenwald
Traumhafte Entdeckungen am Landgut Holzdorf 146

71 Glücksgefühle im Resi
Residenz Café & Restaurant 148

72 Macht hoch die Tür
Weihnachtsmarkt der Bauhaus-Universität 150

73 Wo die Zeit stillsteht
Schloss und Park Weimar-Tiefurt 152

74 Informative Busfahrt
Im Belvedere Express durch die Stadt 154

75 Ein Ort mit Geschichte(n)
Rund um die Jakobskirche 156

76 Kindliche Freude
Stilles Glück unter der Schaukelbrücke 158

77 Wie Gott in Frankreich
Lebensart und Genuss in der Crêperie du Palais 160

78 Fast wie im Märchen
Schloss Kromsdorf mit Park 162

79 Aufstieg und Abschied
Die Gärten der Villa Haar 164

80 Alles hat ein Ende …
Die Bratwurststände in der Stadt 166

Zwischen allen Orten

1 *Am Donndorfbrunnen im Zentrum der Stadt*

Und dann kommt der Augenblick, an dem der kulturhungrige Tourist einen Moment des Innehaltens braucht. Denn so viel gibt es zu sehen in Weimar, Großes und Kleines, die Straßen und Plätze erzählen ihre Geschichten. Manchmal muss man stillstehen und ihnen lauschen. Der namenlose Platz zwischen Geleitstraße, Rittergasse und Windischenstraße, mitten zwischen Nationaltheater, Markt und Stadtkirche ist ein solcher Ort. Etwa 30 historische Brunnen gibt es in Weimar, dieser hier ist nach Adolf von Donndorf benannt, einem hoch angesehenen Bildhauer, der unter anderem auch das Reiterstandbild von Carl August vor der Herzogin Anna Amalia Bibliothek schuf. Und die liebevoll gestaltete Figur der Wasser holenden Mutter mit zwei kleinen Kindern passt so ganz zur Leichtigkeit und Freude dieses Platzes. Aus all den umliegenden Straßen heraus fließt die Fülle des Lebens zum Brunnen, im Sommer haben das Café und die Crêperie Tische und Stühle vor die Fassade gestellt, man serviert aromatische Schlemmereien, auf der niedrigen Mauer sitzen Kinder mit tropfenden Eiswaffeln oder junge Menschen mit Pizzaschachteln, vielleicht hat ein Straßenmusiker seine Gitarre ausgepackt oder eine Kutsche rattert über das dunkle Kopfsteinpflaster. Man steht auf dem Platz, an den Brunnenrand gelehnt, man schaut die Gassen entlang, zu den klassizistischen Fassaden und den kleinen Läden, man überlegt vielleicht, wohin man weiter gehen möchte, und stellt fest: Man möchte noch verweilen an diesem Ort. Einen Augenblick noch im Jetzt sein, hinter sich die dicht mit Wein berankte Fassade des Hababusch, einst Hostel, jetzt ein Mehrgenerationen-Wohnprojekt, vor sich der Rest des Franziskanerklosters, in dem einst Martin Luther übernachtete, aus dem jetzt Klavierklänge oder Singstimmen der Musikstudenten auf den Platz dringen. Man ist mittendrin und doch ganz bei sich. Vielleicht scheint die Abendsonne vom Theaterplatz her und hüllt die Statue in weiches Licht. Für einen Moment ist alles vollkommen.

TIPP Auch in Stuttgart steht ein Abguss dieser Figurengruppe, dort unter dem Namen Paulinenbrunnen.

Donndorfbrunnen, Geleitstraße 4/Ecke Rittergasse, 99423 Weimar
ÖPNV: alle Buslinien, Haltestelle Goetheplatz

Die Nähe des Geistes

2 *In Goethes Wohnhaus und Museum*

Kann ein Museum tatsächlich ein Ort des Glückes sein? Noch dazu, wenn es sich um ein Pflichtprogramm für Bildungsbürger und Abiturienten handelt? Um die Antwort vorwegzunehmen: Oh ja! Denn sobald man die Tür aus dem weißen Treppenhaus in die Ausstellungsräume hinter sich geschlossen hat, ist man umfangen von einer inspirierenden Stille und begegnet dort einem faszinierenden Menschen. Dass dieser schon fast 200 Jahre tot ist, ändert daran wenig.
Das liegt natürlich an dem geistigen Reichtum des Mannes, der Weimar zu der Bedeutung verholfen hat, von der die Stadt seit 250 Jahren zehrt. Doch darüber hinaus ist es den Ausstellungsmachern gelungen, Goethes facettenreiche Vielfalt lebendig und nachspürbar darzustellen. Farblich unterschieden sind sieben Bereiche zu Themen wie Natur, Liebe oder Erinnerung; man schwelgt in der Vielfalt der Exponate, vom Reisepass nach Italien bis zu erotischen Miniaturen und Zeichnungen von Vulkanausbrüchen. Im fast feierlichen Halbdunkel liest man Zitate und die präzisen erläuternden Texte, und vor allem wird man immer wieder zu dem angeregt, was das wahre Genie Goethes ausmachte: Zusammenhänge zwischen den unterschiedlichsten Erscheinungen der Welt zu entdecken, sich seine eigenen Gedanken dazu zu machen. Immer wieder spürt man, wie modern viele der klassischen Ideen bis heute sind. Kaum ein Zeitgenosse, der nicht berührt war von Goethe, der nicht berichtet, wie er geduldig in dessen Wohnhaus am Fuße der breiten Treppe gewartet hat, um dem Meister zu begegnen. Jetzt schreitet man selbst hinauf, über knarrende Dielen und den legendären Schriftzug „Salve". Lichtvoll sind die Räume hier, aus denen der Blick in den Garten geht, frei von musealen Beschriftungen und dadurch umso intimer. Wer es wagt, auf den Medien-Guide zu verzichten, bekommt vielleicht nicht jede Hintergrundinformation, kann aber dafür umso intensiver mit allen Sinnen in die Welt dieses alles umfassenden Geistes eintauchen. Was durchaus in Goethes Sinn gewesen wäre.

TIPP Der sonst geschlossene Vortragssaal wird auch als Bühne für Konzerte und Theateraufführungen genutzt.

Goethe-Nationalmuseum, Frauenplan 1, 99423 Weimar, Tel. (0 36 43) 54 54 00
ÖPNV: Bus 1/5/6/8, Haltestelle Wielandplatz

Der Blick in die Weite

3 *Auf einer Bank im Park an der Ilm*

Was ist es, das uns glücklich sein lässt? Meist ist es das Gefühl, genau dort zu sein, wo man immer hinwollte, an einem Ort, der auf uns eingeht, an dem wir uns wiederfinden. Oder aber an einem Ort, der so schlicht ist, so selbstverständlich, dass er uns ganz bei uns sein lässt.

Im Park an der Ilm, mit seinen freien Flächen, überraschenden Durchblicken und den kleinen dekorativen Elementen, gibt es einen solchen Ort: Unweit des unscheinbaren Borkenhäuschens, oberhalb des Flusses, steht eine Bank. Nichts als eine Bank, und wer anhand eines Reiseführers die Sehenswürdigkeiten von Stadt und Park abläuft, geleitet von Namen und Jahreszahlen, wird vielleicht an ihr vorbeigehen. Doch gerade das macht den Reiz dieses Ortes aus. Eben noch sind wir an Shakespeares Denkmal gekommen, immer noch das einzige auf europäischem Festland, wir haben das mit Borke bekleidete ovale Häuschen besichtigt und vielleicht erfahren, dass es zu einem Arrangement gehörte, das Goethe zu Ehren der Herzogin Luise anlegen ließ. Wir glauben gern, dass sich sowohl der Dichter als auch sein herzoglicher Freund Carl August gern dorthin zur Entspannung zurückzogen. Und dann weiter den Weg, Richtung Südosten, dort steht die Bank, und ein Schritt nur zur Seite auf dem geplanten Weg schafft eine kleine Nische im Tag. Die Seele atmet aus, auch die von der Stadtbesichtigung müden Füße freuen sich. Weit geht der Blick den Hang hinunter, dort unten zieht der Fluss einen weiten Bogen, auf den Wiesen stehen verstreut die gelben Tupfer des Löwenzahns im Frühling, oder später im Jahr die Schafe. Auf den Wegen die bunt gekleideten Menschen, und dahinter das unscheinbare Gartenhaus, in dem Goethe seine ersten Jahre in Weimar verlebte, der Blick umrahmt von mächtigen Bäumen, in denen wir Eichhörnchen und Spechte und natürlich Krähen entdecken. Die Stadt liegt gerade kaum wahrnehmbar hinter uns. Still ist es hier, und für ein paar Momente beruhigt sich der Geist und geht umso reicher danach wieder in den Alltag zurück.

TIPP
Mit etwas Brot, Käse und Wein spürt man dort den Reichtum der Schlichtheit.

Bank im Park an der Ilm (Eingang an der Ackerwand, hinter der Ruine die Treppen hinunter, dann rechts), 99423 Weimar
ÖPNV: Bus 1/5/6/8, Haltestelle Wielandplatz

Der stilvolle Wintergarten

4 *Kulinarische Überraschungen bei ANNO 1900*

Kaum eine Stadt Deutschlands hat – gemessen an der Einwohnerzahl – eine solche Dichte an Gaststätten, Restaurants, Kneipen und Cafés zu bieten wie Weimar. Die meisten dieser Lokale bieten die deftige thüringische Küche. Doch das ANNO 1900 verweist schon mit seinem Namen nicht nur auf eine über 120-jährige Geschichte, sondern auch mit berechtigtem Selbstbewusstsein auf einen im besten Sinne des Wortes konservativen Stil. Schon beim Betreten des flachen Gebäudes aus weiß gestrichenem Holz fühlt man sich in der Zeit zurückversetzt: Gerade noch stand man auf der belebten Fußgängerzone oder dem Verkehrsknotenpunkt der Stadt, einen Türschlag später laden gepolsterte Sofas und Sessel ein, den Alltag für 1 Stunde oder 2 hinter sich zu lassen. Einst als Wintergarten eines angeschlossenen Hotels eröffnet, entwickelte sich das Haus schon bald zu einem der gesellschaftlichen Zentren der Stadt – und ist es bis heute. Nach Theaterpremieren, Vernissagen und Konzerten sind die wenigen Tische hier oft reserviert, was nicht nur an der großen Nähe zum Theater und der Weimarhalle liegt. Ein ambitioniertes Speisenangebot korrespondiert mit einer hervorragenden Weinauswahl, kompetent präsentiert von den Inhabern Sebastian Loy und Annette Horwitz. Letztere ist übrigens der Grund dafür, dass der Schauspieler Dominik Horwitz immer mal wieder im ANNO 1900 einkehrte und vor einigen Jahren seinen Wohnsitz in der Nähe von Weimar wählte.

TIPP Jeden Freitag und Samstag gibt es ab 21 Uhr Livemusik am Klavier.

Ananas-Koriander-Salat, Straußenfilet aus der Region oder Zander auf Zuckerschoten-Ragout sind Höhepunkte der Karte, genussvoll kühlt dazu ein frischer Wein den Gaumen, und die entspannte Seele öffnet den Geist zum angeregten Gespräch mit dem eben noch Fremden am Nachbartisch.

Und dann gibt es diese Abende, wenn vor den hohen Bogenfenstern des Wintergartens der Mond aufgeht, dann möchte man sich nicht aus den weichen Sesseln erheben, dann möchte man die Zeit anhalten und nicht zurück ins 21. Jahrhundert gehen.

ANNO 1900, Geleitstraße 12a, 99423 Weimar, Tel. (0 36 43) 90 35 71
www.anno1900-weimar.de
ÖPNV: alle Buslinien, Haltestelle Goetheplatz

ANNO
1900
a l'art nouveau
Samstag & Sonntag
Frühstück
wöchentlich wechselnde
Mittagskarte
Koffee & Kuchen
Geschenkgutscheine
RESTAURANT
ANNO
1900
CAFÉ

Weitblick und Einkehr

5 *Vom Turm der Prinzessin zum Einhorn*

Die Frage des genusshungrigen Touristen, wo man denn hier gute Thüringer Klöße bekommt, kann in Weimar schon mal zu grundsätzlichen Diskussionen führen. Natürlich macht die besten die eigene Mutti, und das schon seit Jahren, direkt danach wird fast immer das Goldene Einhorn in Mechelroda genannt. Doch nicht nur deshalb lohnt sich der Ausflug in den kleinen Ort etwas südlich von Weimar: Er ist auch der perfekte Ausgangspunkt für eine wunderbare Wanderung.

Nach etwa 3 Kilometern Fußweg, leicht bergauf, vorbei an Feldern und dem Waldrand, erreicht man eine hochgelegene Grasfläche. Ein paar Kiefern wachsen dort zwischen vereinzelten Bänken und Informationstafeln, und inmitten der Wiese steht ein aus Feldsteinen errichteter Turm: der Carolinenturm. Erbaut wurde er zu Ehren der jung verstorbenen gleichnamigen Herzogin, doch nur wenige wissen darum. Den Einheimischen ist dieser Ort als der Kötsch bekannt, auch „Kaitsch" geschrieben, einem slawischen Wort für Wald. Man sagt, diese Hochebene sei der einzig bekannte Platz, von dem aus man den Thüringer Wald, den Harz und bei klarem Wetter das Erzgebirge gleichzeitig sehen könne. Doch auch ohne diese ehrgeizige Information lädt die Wiese ein, sich niederzulassen, den frischen Wind in den Haaren, umgeben von wilden Blüten und den Geräuschen der Natur. Weit geht der Blick ins Tal, über die geduckten Häuser der verstreuten Ortschaften, über die Felder und Baumgruppen, oder hoch in den Himmel, an dem sich die schlanken Kiefern im ständigen Wind wiegen.

TIPP Auf der Rückseite des Kötsch, etwa 1 Kilometer durch den Wald, liegt die Waldgaststätte Müllershausen.

Und wenn man dann den Feldweg wieder hinunter in den Ort geht, vorbei an Holunder und Heckenrosen, und wenn das Schild mit dem Einhorn ins Blickfeld gerät und kurz danach der dampfende Kloß vor einem steht, in einem See aus dunkler Soße, und die Wirtin durch den Raum geht und fragt, ob noch jemand mehr Soße möchte, dann erfüllt ein tiefes Wohlgefühl die Seele und es ist keine Frage mehr, wo es die besten Klöße gibt.

Carolinenturm und Gasthaus Zum Goldenen Einhorn, Im Dorfe 16, 99441 Mechelroda, Tel. (03 64 53) 8 06 35, www.goldenes-einhorn.com

ÖPNV: Bus 229 ab Busbahnhof (Richtung Magdala), Haltestelle Mechelroda

Liebe, Gold und Farben

6 *Einfach schöne Dinge bei der Stadtelster*

Was tut man, wenn man Goldschmiedin gelernt hat und sich während des Praktikums in die Stadt Weimar verliebt? Richtig: Man bleibt und macht sich selbstständig. Wie einst Goethe zog es Jessica Herber vor einigen Jahren von Frankfurt am Main nach Weimar. Gleich dem Geheimrat hat sie es geschafft, auch über die Grenzen der Stadt hinaus bekannt zu werden, mit ihrer Schmuckgalerie und dem assoziationsreichen Namen Stadtelster. Dabei ist der kleine Laden in der Geleitstraße von außen eher unscheinbar und leicht zu übersehen. Doch wer die drei Stufen hinaufsteigt, findet sich in einem verzauberten Raum wieder, gleichzeitig schlicht und stilvoll, fast idyllisch und dabei modern und einladend zum Stöbern und Entdecken. Natürlich ist es – wie es sich für eine Elster gehört – überwiegend Schmuck, den die junge Frau entwirft und herstellt, kleine Preziosen aus Gold und anderen edlen Materialien, mit dem gewissen „Glitzer und Bling", wie sie selbst sagt, glänzend und oft in pastellenen Farben. Es geht ein wunderbarer Zauber von diesen Ohrsteckern, Ketten und vor allem Ringen aus, und manches verliebte Paar fand hier das Paar Trauringe, das zum Lieblingsstück für den Lieblingsmenschen wurde. Auf internationalen Designermessen und in verschiedenen Lifestyle-Magazinen sind ihre Arbeiten zu sehen, die in der Regel Einzelstücke sind. Doch es ist gerade der kleine Laden in der charmanten Weimarer Innenstadt, in dem die junge Frau immer wieder ihre Inspirationen findet. Und so poetisch wie die Goldschmiedearbeiten sind auch die Zeichnungen, die Jessica Herber anfertigt, rein aus Lust und Liebe heraus oder als Auftragsarbeiten für Prospekte oder Einladungen. Es sind zarte und farbenfrohe Drucke, Fantasien in Tusche und Aquarell, die es hier zu überaus erschwinglichen Preisen gibt. Man spürt die Liebe, die in all den Schmuckstücken steckt, eine Liebe zum Leben, zur Schönheit. Selbst wenn man nichts gekauft hat, verlässt man den Laden mit einem glücklichen Lächeln.

Stadtelster – Illustration und Schmuck, Geleitstraße 8, 99423 Weimar, Tel. (01 76) 62 78 99 95
www.stadtelster.de

ÖPNV: alle Buslinien, Haltestelle Goetheplatz

7 *Vielfältige Genüsse im Köstritzer Spiegelzelt*

„Wer vieles bringt, wird manchem etwas bringen", textete Goethe im Prolog zum „Faust". Es ist anzunehmen, dass der studierte Musiker Martin Kranz diese Zeilen kannte, als er 2003 das Spiegelzelt nach Weimar holte. Seitdem steht es jedes Jahr in Weimar, für knapp 2 Monate im Frühsommer, mittlerweile auf einer Wiese am Parkrand, eine Konstruktion aus Holzträgern, bunt bedruckten Planen und im Inneren natürlich: Spiegel. Außerdem Stuhlreihen mit Caféhaustischen, Sitznischen und eine Bar mit stilvollem Speise- und Getränkeangebot, all das nachempfunden den ursprünglich aus Holland stammenden „dans paleis" des beginnenden 20. Jahrhunderts. Wer das Glück hat, eine der begehrten Eintrittskarten erworben zu haben, wird schon beim Betreten umfangen vom Duft einer anderen Welt. Es ist ein Zauber, der einen hier umfängt: Ein bisschen Zirkus, ein bisschen Varieté, ein bisschen gute alte Zeit in rotem Samt und dunklem Holz; durch bunte Glasoberlichter wirft die Abendsonne ihre Strahlen. Zwischen Goethehaus, Bauhaus-Universität und Hafis-Denkmal wird in den ersten Maitagen Jahr für Jahr diese Spielstätte errichtet, und so vielfältig wie das Umfeld ist auch das künstlerische Innenleben. Kabarett und Chanson, Artistik und Jazz, all das hat das Spiegelzelt schon gesehen. Künstler wie Thomas Quasthoff oder Meret Becker, Stefan Gwildis oder Sky du Mont waren zu Gast und kommen immer wieder. Seit 2010 wird der Publikumspreis „Marlene" verliehen, benannt nach der Grand Dame des deutschen Films, die unweit des Spielortes bei ihrem Besuch in Weimar einst wohnte. „Dieses Geben und Nehmen zwischen Künstlern und Publikum ist in Weimar einmalig", sagt Intendant Martin Kranz, und tatsächlich schafft der gemeinsame Zelthimmel eine wunderbare intime Atmosphäre, der sich niemand entziehen kann und mag. Und wäre nicht draußen der Park mit seinen abendlichen Geräuschen, dann würde man diesen verzauberten Ort gar nicht verlassen wollen.

TIPP Wer keine Karten bekommen hat, setzt sich auf eine Parkbank und genießt die Klänge aus dem Zelt.

Köstritzer Spiegelzelt, Beethovenplatz, 99423 Weimar
www.koestritzer-spiegelzelt.de
ÖPNV: Bus 1/5/6/8, Haltestelle Wielandplatz

Köstritzer
Thüringer Netkom

Wie bei guten Bekannten

8 *Bürgerlicher Alltag im Kirms-Krackow-Haus*

Dass das Haus sich so unscheinbar in den Straßenzug einfügt, macht einen Teil seines Reizes aus. In hellem Grün, mit schlichten Ornamenten unterscheidet es sich kaum von den Nachbarhäusern, und fast geht man daran vorbei. Doch hinter dem großen Holztor öffnet sich einer der schönsten Innenhöfe der Stadt. Hier ist nichts übertrieben zur Schau gestellt und dafür umso reizvoller. Das Haus gehört zu den ältesten der Stadt und wurde schon 1917 der Öffentlichkeit zugänglich gemacht, um den einfachen bürgerlichen Alltag des 18. Jahrhunderts erlebbar zu machen. Man geht über knarrende Dielen, vorbei an schlichten Tischen, auf denen mit Naturmotiven verzierte Teller stehen. Kommt dort nicht die Dame des Hauses um eine Türecke, Caroline Krackow, mit weitem Kleid und der bestickten Haube? Eben noch war sie als Gesellschafterin am Hofe, jetzt begrüßt sie uns in der guten Stube. Ist das nicht der Nachbar, Christian Vulpius, ein aufstrebender Autor, dessen Schwester erst vor Kurzem den Herrn von Goethe geheiratet hat? Er ist einer von vielen Geistesgrößen der Stadt, die hier die Gastfreundschaft der Familie genießen, wie auch wir es gerade tun. Für Momente vergisst man, sich in einer musealen Stätte zu befinden, man möchte sich an den Türrahmen lehnen und mit einem Glas Wein in der Hand Teil dieses Lebens sein. Zumindest den Wein bekommt man, zusammen mit herrlichen Macarons im Café du Jardin, dem Gartencafé mit Blick auf einen herrlichen biedermeierlichen Garten. Sonnendurchflutet ist diese Oase in der Stadt, Rosen ranken sich um die Spaliere, um die üppig bewachsenen Rondelle summen die Bienen. Die Vinothek des Cafés bietet Weine vom kleinen Weimarer Weinberg an, außerdem kleine Speisen und vor allem die verführerischen Leckereien aus der eigenen Patisserie. Man sitzt oder schlendert, liest in diesem Reiseführer und genießt. Dass man dann doch irgendwann den gepflasterten Hof verlassen und auf die asphaltierte Straße hinaustreten muss, fühlt sich erneut wie eine Zeitreise an.

TIPP Im Sommer finden im Pavillon des Gartens kleine Theateraufführungen statt.

Kirms-Krackow-Haus, Jakobstraße 10, 99423 Weimar
ÖPNV: alle Buslinien, Haltestelle Goetheplatz (400 Meter Fußweg)

Rom an einem Tag

9 *Italienisches Flair im Römischen Haus*

Seit jeher wohnt dem Verreisen ein verheißungsvoller Zauber inne. Die Gründe dafür sind vielfältig, von der Inspiration durch Neues bis hin zur Flucht aus dem Alltag. Möglichkeiten und Ziele haben sich geändert vom Zeitalter der Postkutsche bis zum heutigen globalen Verkehrsnetz, doch die Faszination für gewisse Orte ist geblieben. Italien ist einer davon. Fast 2 Jahre lang bereiste Goethe sein „Arkadien“ und brachte neben Gedichten und Zeichnungen auch architektonische Anregungen mit. So entstand das Römische Haus, aus dem Wunsch des Großherzogs heraus, eine Sommerresidenz im italienischen Stil zu besitzen, mit mediterraner Atmosphäre. In drei Ebenen gestaltet sich die Anlage: Vorbei am rohen Fels, aus dem eine Quelle sprudelt, führt die geschwungene Treppe hinauf in das Nymphenbad. Weit geht der Blick von hier über die Wiesen des Ilmparks, außer den zwitschernden Vögeln ist nur das leise Wasserplätschern in der steinernen Wanne zu hören. Und dass die anmutigen Bemalungen ein wenig abblättern, trägt zum Charme dieses antiken Badehauses zwischen den schlichten dorischen Säulen bei. Darüber steht, in klassizistischer Gliederung, das als Museum genutzte tempelähnliche Gartenhaus. Auf den Stufen des Portals unter den ionischen Säulen lässt man sich nieder, mit Blick auf den Platz davor wie auf eine römische Piazza. Menschen gehen vorbei, schauen und werden angeschaut, man sitzt unter dem Vordach, hat vielleicht mit der Museumsaufsicht geplaudert und hängt jetzt seinen Gedanken nach, vor sich die weiten Parkwiesen und die blühenden Büsche. Das Römische Haus ist nicht nur der bauliche Höhepunkt der Parkgestaltung, sondern vor allem ein Ruhepol zwischen den mäandernden Wegen und hohen Bäumen. In die Ferne zu reisen, kann etwas Wunderbares sein. Doch die beglückendsten Reisen finden statt, wenn unsere Fantasie angeregt und die Seele beruhigt wird, ohne dass man über Flughäfen hastet und durch Autobahntunnel steuert. So wie hier, an den Tempelterrassen über der Ilm.

TIPP

Beim Italienischen Fest zu Goethes Geburtstag gibt es rund um das Gebäude Musik, Poesie und Wein.

Römisches Haus, Park an der Ilm (Eingang von der Belvederer Allee), 99423 Weimar, Tel. (0 36 43) 54 54 00

ÖPNV: Bus 1, Haltestelle Helmholtzstraße

10 *Mehr als nur süß: Koriat Kuchenmanufaktur*

Dass Kuchen und Torten glücklich machen, ist eine bekannte, ja schon fast wissenschaftlich verbriefte Tatsache. Auf der Suche nach einem diesbezüglichen Glücksort muss also nur der Frage nachgegangen werden, wo es in Weimar den besten Kuchen gibt. Und trotz der Vielfalt der individuellen Geschmäcker, trotz der Frage, ob es eher cremig oder fruchtig sein sollte, mürbe oder kross, herrscht hier Einigkeit: Den besten Kuchen macht Koriat. Wer Aviv Koriat in seinem Laden antrifft und mit ihm ins Gespräch kommt, spürt schnell, dass es ihm um mehr geht als die geschickte Kombination von Backzutaten. Er ist ein stiller, freundlicher Mensch, der diesen Genuss zu seinem Lebensinhalt gemacht hat. Im israelischen Kibbuz aufgewachsen, erfuhr er dort an der Seite seiner Tante die Liebe zum Kochen, zur Kombination ungewöhnlicher Zutaten und dem Kreieren einzigartiger sinnlicher Genüsse. Anfang der 2000er-Jahre kam der studierte Produktdesigner dann nach Deutschland und eröffnete schon bald sein erstes Café. Auch das aus dem Drang, etwas zu tun, was ihn mit Freude und Liebe erfüllt. Dass immer noch ein Designer in ihm steckt, sieht man an der liebevoll gestalteten Speisekarte genauso wie in seinem Buch „Orientalische Orange“. Seine eigenen Grafiken illustrieren Episoden seines bewegten Lebens – und natürlich verrät der Autor seine schönsten Rezepte, wie zum Beispiel für den beliebten Orangenkuchen oder die Mandel-Feigen-Tarte. Doch das Glück dieses Ortes sind nicht nur die verschiedenen Kuchen und Torten, es ist auch der Platz selbst mit dem wunderbaren Blick auf die Katholische Kirche, dem Dom von Florenz nachempfunden, und das lebendige Treiben der Menschen – magisch angezogen vom Duft der Köstlichkeiten und der Liebe, mit der Aviv Koriat sein Geschäft aufgebaut hat und mit der er seinem Tun nachgeht. Der einzige Wermutstropfen dieses Glücks ist, dass man nicht alle Torten gleichzeitig essen kann. Dafür muss man halt wieder herkommen: Aber auch das kann Glück sein.

TIPP **Die meisten Weimarer Cafés beziehen mittlerweile ihren Kuchen von Koriat. Einfach mal nachfragen.**

Koriat Kuchenmanufaktur, Steubenstraße 48, 99423 Weimar, Tel. (0 36 43) 8 55 28 99
www.koriat.de
ÖPNV: Bus 2, Haltestelle Katholische Kirche

Die Leichtigkeit des Seins

11 *Politik und Kunst im Künstlergarten*

Als im Jahr 1919, kurz nach der Gründung der ersten demokratischen Republik, die Nationalversammlung in Weimar tagte, da brach nicht nur politisch ein neues Zeitalter an. Auch kulturell standen die 1920er-Jahre für einen Aufbruch, eine Vielfalt, eine Entdeckungsfreude und Genusssucht, die in dieser Intensität kaum je so erreicht wurde. Aber man kann sie noch erahnen, ihr ein wenig nachspüren, wenn man in Weimar ist. Man spürt sie an den Stätten des Bauhauses, und man bekommt sie vermittelt in der Ausstellung im Haus der Weimarer Republik, dem Gebäude, das noch bis 1995 das einstige Bauhaus-Museum beherbergte. Und wenn in den Sommermonaten der angeschlossene Künstlergarten sein großes hölzernes Tor öffnet, dann taucht man unbefangen ganz in diese Leichtigkeit ein. Denn hier wurde, mitten im Trubel der Innenstadt, nur wenige Schritte vom belebten Theaterplatz und der Fußgängerzone entfernt, ein Ort entdeckt und geöffnet, der auf ebenso schlichte wie stilvolle Weise das hektische Herz besänftigt. Liegestühle und kühle Getränke unter dem Blätterdach, am Abend mit bunten Lichtern geschmückt – so umfängt der Garten den Besucher, und so bietet er auch einen Rahmen für die vielfältigsten kulturellen Aktivitäten. Übertragungen des Weimarer Stadtradios finden von hier statt, literarische Lesungen und Diskussionen, Konzerte von Liedermachern und Folkbarden, Filmvorführungen, klassische Harmonien und swingende Rhythmen, all das in der besten Tradition einer Dekade, in der die Lust am Miteinander, am Genuss und der Lebensfreude gefeiert wurde. So wie die Ausstellung des Hauses der Weimarer Republik versucht, einen Bogen aus der Historie in die Gegenwart zu schlagen, so kann man in der innerstädtischen Oase seinen weitfliegenden Gedanken nachhängen. Vielleicht hat man im Künstlergarten neue Ideen für eigene Projekte, vielleicht findet man Antworten auf verborgene Fragen – oder man genießt einfach nur die Leichtigkeit des Daseins.

Künstlergarten am Haus der Weimarer Republik, Theaterplatz 4, 99423 Weimar, Tel. (0 36 43) 9 08 90 24, www.hdwr.de

ÖPNV: alle Buslinien, Haltestelle Goetheplatz

Am rauschenden Bach

12 *Beschaulichkeit am Buchfarter Mühlenladen*

Das ländliche Leben als ein Quell der Zufriedenheit, die freudvolle Muße im Schatten alter Burgen und hoher Bäume, begleitet vom munteren Plätschern eines Flusses und dem knarrenden Klappern des Mühlrades – das sind die Klischees, die sich um den Begriff des Idylls ranken. Doch wie es so ist mit Klischees: Manchmal bestätigen sie sich, und auch der moderne Stadtmensch und Kulturtourist sucht sie gelegentlich. In Buchfart findet er sie auf schönste Weise. Schon wenn man sich auf der Straße von Weimar dem Örtchen nähert, liegt es umgeben von dichten Wäldern lieblich im Ilmtal, über die ziegelgedeckten Häuser reckt sich die bescheidene Kirchturmspitze. Die Holzbrücke über den Fluss steht unter Denkmalschutz, sie ist eine der letzten erhaltenen ihrer Art in Europa. Dass über diese tatsächlich manchmal Autos rollen, vorsichtig und im Schritttempo, wirkt fast wie ein Versehen. Dahinter scheint die Zeit für einen Moment stillzustehen. Unter dicht belaubten Bäumen sitzt man am Wasser, das über die Steine sprudelt, mit dem Blick auf das holzverkleidete Brückenbauwerk. Gegenüber vor einem niedrigen Haus aus Naturstein auf der anderen Flussseite dreht sich ein Mühlrad. Es gehört zur jahrhundertealten Buchfarter Mühle, die von den Besitzern liebevoll restauriert und in Funktion gehalten wurde. Im angeschlossenen Mühlenladen kann man nicht nur zu deftigen Speisen ein unglaublich leckeres Brot aus dem eigenen Backhaus genießen, sondern auch das hier gebraute Mühlenbräu-Bier. Doch am besten nimmt man sich von den hauseigenen Backwaren und anderen Spezialitäten mit und setzt sich wieder auf die Bänke am Flüsschen. „Wie sehn' ich mich aus dem Gedränge fort", schrieb Goethe in seinem Gedicht „Idylle". Der nach dem Dichter benannte Wanderweg führt von Weimar durch Buchfart. Und hier an diesem Ort von Harmonie und Selbstvergessenheit kann man die Sehnsucht stillen, kann Beine und Seele baumeln lassen.

TIPP Die Höhlen der weithin sichtbaren Felsenburg über dem Ort sind voller eigener Geschichten und Magie.

Mühlenladen und Wassermühle, Schenkgasse 23, 99438 Buchfart, Tel. (0 36 43) 77 57 76
www.buchfarter-muehlenladen.de

ÖPNV: Bus 229 ab Busbahnhof oder Hauptbahnhof (Richtung Blankenhain; je nach Uhrzeit umsteigen in Mellingen), Haltestelle Buchfart

Ein Fest der Sinne

13 *Geschmacksvielfalt in der Teeboutique Weimar*

Tee beruhigt, sagen die einen. Tee regt an, sagen andere. Was davon nun stimmt, wissen wir nicht genau. Aber eines ist sicher: In einer Welt, die immer lauter und schneller wird und in der alle Sinneseindrücke einander immer intensiver zu übertreffen versuchen, ist es ein Moment des besonderen Glücks, innezuhalten und dem Aroma einer Tasse frisch gebrühten Tees nachzuspüren. Und wie vielfältig diese Aromen sind, kann man nirgends besser erleben und erspüren als in der Teeboutique. Schon von Weitem lockt der besondere Duft die Passanten an, die durch die charmante Windischenstraße schlendern, im Sommer sitzt man entspannt auf hölzernen Teekisten vor dem Geschäft. Über 300 Teesorten lassen sich hier entdecken und natürlich probieren, darunter grüner, gelber, schwarzer und Rotbuschtee, Kräutermischungen und Früchtetees. Fast rauschhaft verströmen sie ihre unterschiedlichen Düfte aus den Dosen und Schubladen, fast überwältigt ist man von der Vielfalt der zarten, würzigen, fruchtigen Aromen. Doch auch Freunde intensiverer Genüsse können in der großzügigen Boutique schwelgen. Neben ausgewählt qualitätvollem Küchenzubehör gibt es hier unter anderem ausgesuchte Kaffees und Schokoladen, aromatische Öle, würzige Essige und ausgewählte Spirituosen. Bei Letzteren müssen neben Eier- und Fruchtlikören besonders die in der Weimarer Wiegand Manufaktur gebrannten Lyonel-Gin und der Heimat-Likör erwähnt werden, die nicht nur einen ganz außergewöhnlichen Geschmack haben, sondern mit ihren künstlerisch gestalteten Etiketten sehr besondere Andenken sind. Im Mittelpunkt steht jedoch die faszinierende Auswahl der Teesorten, und wer sich zwischen diesem Überfluss nicht entscheiden kann, für den stellen die Teemeister der Teeboutique auch ganz individuelle Mischungen zusammen. Ob diese nun beruhigend oder anregend wirken, kann jeder für sich herausfinden. Auf jeden Fall ist Tee ein wunderbarer Genuss für Körper und Seele.

Teeboutique Weimar, Windischenstraße 23, 99423 Weimar, Tel (0 36 43) 90 51 77
www.teeboutique.de
ÖPNV: alle Buslinien, Haltestelle Goetheplatz

&
DELIKATES
ESSIG
OLIVENÖLE
BIO
ZYLINDER TAUSCH
€ 5,90

Unter Freunden

14 *Einkehr in den Goethebrunnen*

Manchmal, ganz selten, passiert es, dass man eine Tür öffnet und sich an einem Ort befindet, von dem man nicht wusste, dass man ihn gesucht hat, von dem man aber vom ersten Moment an ahnt, dass man ihn vermissen wird, wenn man ihn verlassen hat. Ein solcher Ort ist die Altweimarische Bierstube, bei den Einheimischen nur als das Schmale Handtuch bekannt. Und, um die Verwirrung der Namensgebung komplett zu machen, steht an der Fassade auch noch groß: Zum Goethebrunnen. Dieser befindet sich auf dem Platz direkt davor und ist einmal im Jahr Mittelpunkt der Abitaufe des nahe gelegenen Goethegymnasiums. Auf diesen Platz, den Frauenplan (bis 1919 hieß er Goetheplatz), hat schon Goethe einst huldvoll herabgeblickt, aus den Fenstern seines Wohnhauses gegenüber. Nach einer wechselvollen 250-jährigen Geschichte eröffnete die Gaststätte 1998 wieder und ist seitdem mehr als nur ein Ort zum Essen und vor allem Trinken: Hier begegnen sich Studenten und Straßenkünstler, einheimische Geschäftsleute und Orchestermusiker, Skat spielende oder singende Stammtische. Das Bier ist einheimisch und preiswert, das Essen ist thüringisch deftig, und für den Kräuterlikör danach (unbedingt den Aromatique probieren!) setzt sich die Wirtin auch gern mit an den Tisch. Die klassischen Touristen sind hier seltener zu finden; an der schmalen Fassade mit den bleiverglasten Fenstern geht man schnell vorbei. Allenfalls, dass man sich im Sommer davor setzt, auf einen der harten Stühle, mit Blick auf die Pappeln des Frauenplan und das Goethehaus. Doch wer den Weg ins Innere findet, gehört schnell dazu – zur Gemeinschaft derer, „die immer hier sitzen“, wie einer der vielen Sprüche an den alten Holzbalken behauptet. Diese wurden mit der Sanierung in den 1990er-Jahren liebevoll restauriert, und die ein wenig schief hängenden Fotos an den Wänden dokumentieren die Historie des Ortes. Nirgends in Weimar fühlt man sich mehr zu Hause und mehr fernab aller Zeiten und Pflichten.

TIPP Die Sülze kommt frisch vom Fleischer nebenan, mit Bratkartoffeln ist sie ein Klassiker.

Zum Goethebrunnen (gegenüber dem Goethehaus), Frauenplan 13, 99423 Weimar, Tel. (0 36 43) 4 43 83 75, www.goethebrunnen-weimar.de

ÖPNV: Bus 1/5/6/8, Haltestelle Wielandplatz

ier sitzen die, die immer hier sitzen

Schönheit des Verfalls

15 *Ruine und Tempelherrenhaus im Park*

Eine besondere Faszination geht oft von verfallenen Gebäuden und deren Resten aus. Sind sie zum einen schauer-romantische Orte mit etwas, was man gern morbiden Charme nennt, erzählen sie zum anderen auch die Geschichten aus einer vergangenen Zeit, öffnen sie Räume voller Assoziationen über ihre frühere Nutzung. Im Weimarer Park findet man, nur wenige Meter voneinander entfernt, gleich zwei solcher brüchigen steinernen Zeugen. So nahe stehen sie beieinander, dass man sie für Reste eines gemeinsamen Ensembles halten mag, doch könnten ihre Geschichten nicht unterschiedlicher sein. Die zum Ilmhang hin sich erstreckende schroff gebrochene Wand geht – wie sollte es anders sein – auf Goethes Idee zurück, den Park im Stile englischer Gärten mit künstlichen Ruinen zu schmücken. Einst eine Schiefmauer des Weimarer Büchsenschützenvereines, wurde sie mit Bruchstücken des abgebrannten Schlosses in ihr derzeitiges Erscheinungsbild versetzt, als Zierde der Landschaft und Symbol des Vergänglichen. Ganz anders verhält es sich mit dem ehemaligen Tempelherrenhaus, dessen hoher neugotischer Turm sich weit über die angrenzende Wiese erhebt. Dessen wechselhafte Geschichte beginnt mit der Errichtung als Pflanzenhaus zur Überwinterung der tropischen Zierpflanzen des Hofes und der Nutzung als Salon für Teegesellschaften und Feste in den Sommermonaten. Auch die Musiker des Hofes spielten hier ihre Konzerte, der nicht weit entfernt wohnende Franz Liszt manchmal nächtelang. Das Bauhaus nutzte den lichtdurchfluteten Raum als Atelier des Malereikurses, bevor er im Zweiten Weltkrieg zerstört wurde. Später war der Turm mit dem eisernen Balkon außer einem beliebten Fotomotiv auch Kulisse einer Schülerinszenierung von „Romeo und Julia", das Bild des Parks prägt er bis heute. So erzählen die rauen Steine ihre Geschichten. Wenn man in ihrem Schatten sitzt und begleitet vom Rauschen der Bäume und Zwitschern der Vögel diesen Geschichten lauscht, dann bleibt ein Stück Vergangenheit bis heute lebendig.

TIPP Hinter der natürlichen Ruine befindet sich das marmorne Shakespeare-Denkmal.

Ruine und Tempelherrenhaus, Park an der Ilm (Eingang an der Ackerwand), 99423 Weimar
ÖPNV: Bus 1/5/6/8, Haltestelle Wielandplatz

Ein prominenter Gutsherr

16 *Auf dem Wielandgut in Oßmannstedt*

Man muss es sich vorstellen: Vielleicht wäre das alles ohne ihn nicht passiert. Vielleicht wäre Goethe nicht geblieben, wären Herder und Schiller gar nicht erst gekommen. Doch als Christoph Martin Wieland von Herzogin Anna Amalia als Erzieher ihrer beiden Söhne nach Weimar gebeten wurde, war dieser bereits ein viel gelesener Romanautor und renommierter Shakespeare-Übersetzer. Und obwohl der Dichter ein Gegner der Fürstenherrschaft war, reizte ihn die Möglichkeit, auf den künftigen Regenten des Großherzogtums aufklärerischen Einfluss zu nehmen. Nach der Regierungsübernahme durch Carl August kaufte Wieland den Gutshof in Oßmannstedt und zog sich mit seiner Familie aus der Residenzstadt zurück. Das thüringische Landleben wurde zu einer Quelle der Inspiration für Wieland und zu einer Heimat für die große Familie mit den sieben Kindern. Und noch heute spürt man hier, knapp 10 Kilometer von der dichten und betriebsamen Innenstadt Weimars entfernt, genau dieses Nebeneinander von einfachem fast dörflichem Idyll und dem künstlerischen, schöpferischen Anspruch, der von dem schlichten barocken Gutshaus und den liebevoll gestalteten Parkanlagen ausgeht. Radfahrer, die den Ort über den gut ausgebauten Ilmtalradweg erreicht haben, machen hier Rast, Familien mit ihren Kindern lagern auf der nahen Wiese, Bildungsinteressierte aller Altersgruppen schlendern die Kieswege entlang. Das Museum ist ausgestattet mit historischen Möbeln aus Wielands Besitz und dokumentiert übersichtlich und anschaulich sowohl das Schaffen des Dichters in seiner Zeit als auch den aktuellen Forschungsstand. Wieland musste das Anwesen zwar nach knapp 10 Jahren wieder verkaufen, da in Deutschland „allen Authoren, die vom bloßen Buchmachen leben müssen oder wollen, der Hungertod droht“, wie er einem Freund schrieb, doch er wurde seinem Wunsch gemäß hier im Park an der Seite seiner Gattin beigesetzt. Es ist ein freundlicher Ort, der fernab des intensiven Kulturbetriebs die Größe des Geistes spüren lässt.

TIPP **Etwa 300 Meter vom Wielandgut entfernt liegt das bei Weimarern beliebte Freibad.**

Wielandgut Oßmannstedt, Wielandstraße 16, 99510 Oßmannstedt, Tel. (0 36 43) 54 54 00
www.ilmtal-weinstrasse.de

ÖPNV: Bus 228 ab Busbahnhof oder Hauptbahnhof, Haltestelle Oßmannstedt

Im Silbernen Zeitalter

17 *Zu Besuch im Liszt-Haus*

Man kann gar nicht genug darauf hinweisen: Das Liszt-Haus ist kein Museum. Jedenfalls ist es das nicht in jenem klassischen Verständnis, das mit pädagogischem Anspruch, bürgerlichem Bildungsanspruch und einem versteckten Gähnen einhergeht. Das Liszt-Haus ist eine Zeitreise im schönsten und beglückendsten Sinn. Die Räume im Obergeschoss, die der Pianist und Komponist in seiner Weimarer Zeit bewohnte, sind so erhalten und restauriert, wie Franz Liszt sie einst verlassen hat. Kurz vor seinem Tod war er nach Bayreuth aufgebrochen, um seine Tochter Cosima zu besuchen. Es sollte die letzte Reise seines unruhigen und leidenschaftlichen Lebens werden. Der Großherzog Carl Alexander hatte den berühmten Musiker nach Weimar geworben, so wie dessen Großvater Carl August es 100 Jahre zuvor mit Goethe getan hatte. In jenem Musiksalon, durch den heute die Besucher wie Gäste gehen, gab Liszt seine legendären Sonntagsmatineen, verführte der feurige Pianist die Damen des Hofes und bildete der strenge Lehrer seine Schüler aus. Der Bechstein-Flügel, an dem heute regelmäßig Konzerte von Musikstudenten der Weimarer Hochschule stattfinden, ist derselbe, an dem auch Liszt selbst einst seine virtuosen Stücke aufführte. Es ist der sprichwörtliche Atem der Geschichte, den man in diesen Räumen spürt, und man wäre nicht überrascht, träte der weißhaarige Ungar plötzlich aus einer Nische in den Raum. Natürlich gibt es im Erdgeschoss auch eine Ausstellung, die Leben und Werk von Franz Liszt darstellt, inklusive eines Hörkabinetts mit Werken des Meisters. In diesen Räumen befand sich damals und noch bis ins 20. Jahrhundert hinein die Hofgärtnerei; der üppige blumenduftende Garten des Gebäudes erinnert daran, hier am Eingang zum Park. Und so sitzt man auf einer der weißen Bänke, noch den Klavierklang im Ohr und umgeben vom Summen der Bienen, ist berückt und verzaubert und tritt langsam wieder die Reise in seine eigene Zeit an.

TIPP Etwa 200 Meter weiter im Park, rechts des Friedhofs, steht eine Liszt-Statue aus weißem Carrara-Marmor.

Liszt-Haus, Marienstraße 17, 99423 Weimar, Tel. (0 36 43) 54 54 00
ÖPNV: Bus 1, Haltestelle Bauhaus-Universität

Zwischen Stein und Fluss

18 *Das Nadelöhr im Park an der Ilm*

Schon der klassisch gebildete Mensch suchte und ersehnte die Nähe zur Natur, so wie auch wir, modern, digital vernetzt und welterfahren, immer wieder das Unberührte und Gewachsene suchen. Vom Idyll dieses Ortes schwärmte schon Wieland und nannte diesen Platz „anmutig einsiedlerisch und doch nicht abgeschieden". Wahrscheinlich ist es genau das, was den Spaziergänger innehalten lässt mit dem Gefühl, hier etwas Besonderes entdeckt zu haben. Abseits der Hauptwege des Ilmparks schuf Goethe an der ehemaligen Floßbrücke ein Ensemble, das zu den ältesten erhaltenen Anlagen des Parkes gehört. Aus dem rauen Stein sprudelt eine kleine Quelle in ein steinernes Becken, die Umfassungssteine laden zum Sitzen ein, und durch eine Felsgrotte zieht sich ein geschwungenes Treppchen hinauf zur oberen Wiese. Dazwischen liegt, mit einem Gitter gesichert, das dunkle Mundloch der Parkhöhle. Wer an einer Führung durch die unterirdischen Gänge teilnimmt, kommt hier wieder ans Tageslicht.

Wenn im Herbst der Morgendunst über dem Fluss liegt, scheinen dort Geistgestalten zu wandern, im Sommer hängen die Äste üppig grün über dem grauen Stein und manchmal sitzt an der Quelle ein Musiker und spielt, eher für sich, als dass er auf Publikum wartet. Ist es dieses romantische Idyll, das den Wanderer berührt, die Einladung, dort zu verweilen, und die Hände im klaren Wasser zu kühlen? Oder ist es die angeregte Fantasie, die in den Felsen die unterschiedlichsten Gestalten zu sehen meint, die im Vogelzwitschern und Wasserrauschen Melodien erkennt? Zwischen den Bäumen steht ein Gedenkstein. Goethe selbst ließ ihn setzen für die unglücklich verliebte Christel von Laßberg, die sich an dieser Stelle in die Ilm stürzte. Bei sich hatte sie „Die Leiden des jungen Werther". Vielleicht ist es ihr Geist, der im Nebel noch wandert, vielleicht ist es ihr Gesang, der im Wassermurmeln zu hören ist. Romantik, Schönheit und Tragik liegen hier dicht beieinander und geben diesem Ort einen beglückenden Reichtum.

Nadelöhr im Park an der Ilm
(Eingang an der Ackerwand, vor der Ruine die Treppen hinunter), 99423 Weimar
ÖPNV: Bus 1/5/6/8, Haltestelle Wielandplatz

Mehr als nur Kinderkram

19 *Schönes und Nachhaltiges bei Matz und Murkel*

Über all die hohe Kultur, über die Museen, Denkmäler und geschichtsträchtigen Orte kann man leicht vergessen, dass Weimar auch eine Stadt ist, die für Kinder wunderbar geeignet ist und den Jüngsten viele Möglichkeiten zum Entdecken und Spaßhaben bietet. Da sind die Wasserspiele auf dem Herderplatz, die durch Hüpfen ausgelöst werden, der Steinriese auf dem Frauenplan, auf dem sich so herrlich klettern lässt, und natürlich all die verzauberten Orte, Spielplätze und Flussläufe im Ilmpark, die zum Toben und Spielen einladen. Weimar hat nicht nur Goethe und Schiller, sondern auch Matz und Murkel: So nämlich haben Kristin Engelhardt und Katja Wolf ihren kleinen Laden genannt, in dem man eigentlich alles kaufen kann, was ein Kind braucht, und das in hochwertiger und vor allem ökologischer Qualität. Doch dieses kleine bunte Geschäft bietet mehr als Kinderbekleidung. Während die Kleinen sich in der Spielecke amüsieren, können die Erwachsenen ihrerseits auf Entdeckungsreise gehen. Neben ökologischem Spielzeug und Schwangerenbedarf, Frühchensachen und zauberhaften Kinkerlitzchen gibt es zum Beispiel liebevoll zusammengestellte Geschenkboxen oder die ganz besonderen handgefertigten Wiegenfeen aus Märchenwolle. Die beiden Betreiberinnen beraten nicht nur charmant und kompetent, sondern bieten darüber hinaus jede Menge besondere Hilfestellungen an, von der Still- und Wickelecke bis zum Verleih von Tragen für Rundgänge durch die Stadt. Aber vor allem sind es die wunderschönen und farbenfrohen Anziehsachen, bei denen schon Anschauen und Anfassen ein Genuss ist. Krabbelschuhe oder Outdoorbekleidung, Strampler oder Hosenträger, all das nachhaltig produziert von ausgewählten Herstellern. Man möchte selbst nochmal Kind sein, um hier eingekleidet zu werden. Und weil die Sachen nicht nur ökologisch und bunt, sondern auch sehr bequem sind, kann man damit wunderbar herumtoben. Denn waschbar sind sie natürlich ebenfalls.

TIPP Natürlich gibt es auf der Internetseite einen Onlineshop. Aber Stöbern ist viel schöner.

Matz und Murkel, Windischenstraße 25, 99423 Weimar, Tel. (0 36 43) 74 17 66
www.matzundmurkel.de
ÖPNV: alle Buslinien, Haltestelle Goetheplatz

Matz & Murkel
Natürliches für Dein Kind

Gesundes für alle Sinne

20 *In Thüringens erstem Radfahrerhotel*

Wie entdeckt man eine Stadt von der Größe Weimars? Die Straßen der Innenstadt sind eng, verfügbare Parkplätze befinden sich eher außerhalb. Wir stellen fest: Weimar ist eine Stadt für genießerische Flaneure – und für Radfahrer. Der gut ausgebaute Ilmradweg verläuft quer durch den Park und erstreckt sich entlang der malerischen Landschaft Thüringens weit über die Stadtgrenzen Weimars hinaus, beliebt bei engagierten Joggern, entspannten Spaziergängern und entdeckungslustigen Radwanderern. Für diese alle ist das Hotel Café An der Kipperquelle im Süden Weimars eine ganz wundervolle Entdeckung. Voller Leichtigkeit und voller Charme ist es hier, stadtnah und verkehrsgünstig gelegen und gleichzeitig idyllisch an der Wiesenlandschaft des Ilmflusses. Die ganze Anlage strahlt schon auf den ersten Blick eine freundliche Ruhe aus, man kann das Gelände nicht anders als mit einem Lächeln betreten. Die rückwärtigen holzverkleideten Anbauten harmonieren perfekt mit dem sensibel sanierten Vorderhaus. Und dann der Hof! Üppig bewachsen ist er, unter den mächtigen Kastanien und Linden, man geht über den knirschenden Kies, entdeckt künstlerische Skulpturen zwischen Blumen und Gräsern. Ringsum hört man nichts als die unterschiedlichsten Vogelstimmen und etwas entfernt das leise Rauschen des Flusses. Für die Kinder ist ein Sandkasten angelegt, man sitzt auf Holzbalken oder an mosaikgeschmückten Gartentischen, beim Kaffee oder kühlen Getränken. Die kleinen Speisen und das Frühstück sind vollwertig und biologisch und unglaublich lecker, die Hotelzimmer sind schlicht und stilvoll eingerichtet, und sie sind nach Radfahrerlegenden benannt, deren Geschichten man natürlich nachlesen kann. Wer hier übernachtet, fühlt sich nie als fremder Gast. Für die Tage des Aufenthalts ist man ein Teil der Familie, vertrauensvoll willkommen an diesem Ort, um die Seele baumeln zu lassen, den Körper zu regenerieren und den Geist zu erfrischen.

TIPP Unbedingt das Auto hier stehen lassen. Die Fahrräder, die man ausleihen kann, sind in gutem Zustand.

Hotel Café An der Kipperquelle, Kippergasse 20, 99425 Weimar, Tel. (0 36 43) 80 88 88, www.kipperquelle-weimar.de

ÖPNV: Bus 1, Haltestelle Kippergasse

Eine andere Welt

21 *Durch den Brühl zum Flussufer*

Die Gegend um den Brühl herum, die ehemalige Jakobsvorstadt, gehört zu den ältesten Ansiedlungen Weimars. An kaum einer anderen Stelle ragt die Bebauung so nahe an die Ilm heran, es gibt nur wenige Gegenden mit so spürbar wechselvoller Geschichte. Die denkmalgeschützte Karlsmühle am unteren Ende träumt baufällig und überwuchert vor sich hin, nur in Resten verwitterter Spitzbögen und Simse lässt sich die Bedeutung als Mühle am Fluss und später als Badeanstalt des klassischen Weimars noch erahnen. Am oberen Ende der Straße hingegen erinnern in den Fußweg eingelassene Stolpersteine an das Ghettohaus, in dem in den 1940er-Jahren jüdische Familien auf engstem Raum zusammenlebten. Nur wenige 100 Meter lang ist der Brühl und ist doch eine eigene Welt in der Stadt. Hier finden sich geduckte Wohnhäuser, einige Neubauten – und das Gelände der ehemaligen Ofenfabrik J. F. Schmidt. Seit dem 19. Jahrhundert erstreckten sich die Fabrikgebäude bis an die Ilm. Es ist eine Entdeckungsreise, zwischen den restaurierten Häusern hindurchzugehen, in denen sich historische Erinnerungen und modernes Leben zu überschneiden scheinen. Und dort, hinter dem schlichten Büroneubau, gibt es einen Ort, der selbst vielen Einheimischen unbekannt ist. Gesäumt von Travertinbrocken aus dem Steinbruch nahe Weimar führen drei Stufen hinunter zur Ilm.

Es ist die Zeitlosigkeit, die diese Stelle so besonders macht: Frei von den Ablenkungen der Stadt und des Tages sind hier nur wir und das Wasser. Ein wenig lockt das Abenteuer, die Schuhe und Strümpfe auszuziehen und auch die letzte Stufe hinunterzugehen. Nur zu, das Wasser ist sprudelnd kalt, erfrischend nach dem Gang über historisches Pflaster. Entlang des Flusses schieben sich knorrige Bäume und üppige Büsche über das Ufer, gegenüber erhebt sich das trutzige Gebäude des Goethe-Schiller-Archives hoch über den Park. Man senkt die Stimme oder schweigt ganz, sitzt und schaut auf den Fluss. Manchmal landet ein Eisvogel in den Büschen.

Der Brühl mit Karlsmühle, Brühl 28 (Zugang zum Wasser: über Brühl 8–12), 99423 Weimar
ÖPNV: Bus 1/2/3/9, Haltestelle Friedensstraße/Atrium

Allerlei Leckeres

22 *Der Thüringer Spezialitätenmarkt*

So möchte man sich vielleicht das Schlaraffenland vorstellen: Regalweise Köstlichkeiten, darunter Liköre und Pralinen, Öle und Gewürze, Weine und Biere, Säfte und Senfe, Kaffee und Tee, Wurst und Käse, Honig und Konfitüren … Das alles charmant erläutert und angeboten, das meiste auch zum Probieren. Gibt es das wirklich? Aber ja: im Thüringer Spezialitätenmarkt. Für die Gründerin Bettina Vick ist die Liebe zu Thüringen mehr als nur eine unternehmerische. Mit blitzenden Augen erzählt sie von ihren Reisen und Wandertouren durch das Bundesland und berichtet dabei besonders gern von den kulinarischen Entdeckungen. Zu ihren liebsten gehört ein Geflügelhof im Thüringer Vogtland. Der dort produzierte Eierlikör hat nicht nur einen intensiven, ursprünglichen Geschmack, sondern lässt sich aufgrund seiner einzigartigen Konsistenz aus dem Glas löffeln. Der Pudding für Erwachsene sozusagen. Überhaupt setzt Bettina Vick in ihrem reichhaltigen Sortiment ausschließlich auf regionale Ökohöfe, Direktvermarkter und kleine Manufakturen. Die Thüringer Rostbratwurst mit Erfurter Born Senf, dazu Thüringer Klöße aus Heichelheim und ein Schwarzbier aus Bad Köstritz – das sind weit über die Grenzen Thüringens hinaus bekannte Gaumenfreuden. Doch welche Geschmacksvielfalt sich fernab der bekannten Marken entdecken lässt, das präsentieren Bettina Vick und ihre Mitarbeiterinnen mit Lust und Engagement. Mehr als 500 traditionsreiche Produkte aus der Region sind im Angebot. Und als besonderes Geschenk gibt es rustikale Holzkisten, die sich in den unterschiedlichsten Variationen befüllen lassen, zum Beispiel als „Edles Thüringen“ mit Saale-Unstrut-Weinen oder „Bürofrühstück“ mit hausgemachter Leberwurst und Imkerhonig. Ob eingelegt oder frisch, knusprig oder flüssig, süß oder würzig: Wenn die Vielfalt der Genüsse glücklich macht, dann ist der Thüringer Spezialitätenmarkt tatsächlich das Paradies.

TIPP Auch auf der romantischen Krämerbrücke in Erfurt gibt es eine Filiale des Spezialitätenmarktes.

Thüringer Spezialitätenmarkt, Frauentorstraße 13, 99423 Weimar
www.thueringer-spezialitaetenmarkt.de
ÖPNV: Bus 1/5/6/8, Haltestelle Wielandplatz

Einfach köstlich!
Eierlikör
~ im Waffelbecher
(wie früher)
1,50€
www.thueringer-spezialitaeten.de
Aromatique
GEHÖRT DAZU
SONDEREDITION
STOUT

23 *Eine Einladung in die Brotklappe*

Zuerst ist da der Duft. Ein Duft, der an Kindheit erinnert, der einen im Innersten erfüllt und lächeln lässt. Dann erst schaut man sich um. Eben noch schlenderte man auf dem dunkelgrauen Basaltpflaster des Frauenplan, jetzt ist man umgeben von Brauntönen in allen Schattierungen. Und dann dieser Duft nach frischem Brot! Was ist eigentlich ein Zimtknut? Zunächst eine Erfindung der Gründer der Brotklappe, Annika und Sebastian Lück. Sie kommt aus der Unternehmenskommunikation, er ist gelernter Kaufmann und war erfolgreich in anderen Branchen. Doch die Brotklappe ist das, was man ein Herzensprojekt nennen könnte, mit aller Unsicherheit, die 2016 bei der Eröffnung einherging. Mittlerweile hat der einstige Geheimtipp es zu einem zweiten Geschäft in bester Innenstadtlage geschafft. Direkt gegenüber dem Goethehaus gibt es frisch belegte Stullen, selbst kreierte Backwaren wie den Zimtknut, handgerollte Croissants und natürlich Brot. Jedes einzelne von Hand gemacht, der Sauerteig geht mehrere Tage, die Krume des fertigen Brotes ist gewollt chaotisch und luftig und die Kruste – ach, die Kruste! – sie ist knusprig und aromatisch. Gerne bezahlt man für diesen Genuss ein paar Euro mehr und setzt sich zu den anderen vor den kleinen Laden, der früher eine Fleischerei war. Vielleicht rettet man gerade nicht die Welt, aber mit jedem Bissen schmeckt man, dass es einen Unterschied gibt zwischen dem, was überall und zu jeder Tageszeit verfügbar ist, und dem, was etwas mehr kostet, am Ende des Tages ausverkauft ist, aber nicht nur satt macht, sondern einen Genuss für alle Sinne bereitet. Man schaut die Straße entlang, trinkt einen Schluck des hier ebenfalls wunderbaren Espressos, kommt mit den anderen Kunden ins Gespräch und stellt fest: Sauerteig, Mehl, Wasser, Salz – mehr braucht man vielleicht gar nicht, um Glück zu erschaffen.

TIPP Die Brote kann man auch am Vortag bis 18 Uhr vorbestellen und am nächsten Tag mit nach Hause nehmen.

Brotklappe, Frauenplan 8 (oder Trierer Straße 46), 99423 Weimar, Tel. (0 36 43) 9 08 26 58
www.brotklappe.de
ÖPNV: Bus 1/5/6/8, Haltestelle Wielandplatz

Stulle Brie
Salat, Meerrettich, Preiselbeeren
5.5
Stulle Curry-dattel
BIO
Frischkäse, Dattel, Kurkuma, Curry
4.5

Der Atem der Geschichte

24 *Besinnlichkeit auf dem historischen Friedhof*

Man muss kein melancholischer Teenager oder Historiker sein, um die besondere Atmosphäre dieses Ortes zu spüren und zu genießen. Wenn man den Friedhof vom Stadtzentrum her kommend betritt, durch die unscheinbare Pforte in der Feldsteinmauer, öffnen sich beiderseits des Hauptweges die Wiesen, es ist wie ein poetischer Garten in der Stadt. Verschattet von hohen alten Bäumen, blühen hier je nach Jahreszeit die unterschiedlichsten Wildblumen zwischen den verwitterten Steinen und rostigen Eisenkreuzen, die an die einstigen Gräberreihen erinnern. Die Allee führt auf die Fürstengruft zu, in der sich neben den einstigen Thüringer Regenten auch die Särge von Goethe und Schiller befinden – Zeichen der hohen Wertschätzung für diese beiden Dichter. Dass Schillers Sarg leer ist, weil er zunächst in einem Armengrab beigesetzt wurde und man aus der Vielzahl der Knochen nicht die seinen herausfand, tut diesem Ansehen keinen Abbruch. Anrührend hingegen ist der unterirdische Durchbruch von der Fürstengruft zur angrenzenden russisch-orthodoxen Kapelle, in der die Gemahlin des Großherzogs, Maria Pawlowna, in russischer Erde beigesetzt und trotzdem mit ihrem Mann im Tode verbunden ist. So ist dieser Ort voller Geschichte und Geschichten. Im Jahr 1818 löste er den Jakobskirchhof als Begräbnisstätte für die Weimarer Bürger ab. Und so finden sich hier die Grabstellen all der Persönlichkeiten der Weimarer Klassik, deren Namen man in der Stadt auf den Straßenschildern gesehen hat, was diesen Ort zu einem faszinierenden Spiegel, zu einer Stadt der Toten innerhalb der Stadt der Lebenden macht.

TIPP Goethes Altersfreund Eckermann starb zwar fast vergessen, ist aber unweit der Fürstengruft begraben.

Im oberen Bereich des Friedhofes befinden sich die neueren Gräber: Namen wie Louis Fürnberg und Gustav Kiepenheuer stehen auf den Grabsteinen. Man spürt den Geist des Ortes hier und wandelt über die Erde, in der diejenigen ruhen, die Weimar zu der Bedeutung verhalfen, die es heute hat. Es ist mehr als morbide Romantik: Im Schatten der alten Bäume verbinden sich die Jahrhunderte.

Historischer Friedhof und Fürstengruft, Am Poseckschen Garten, 99423 Weimar
ÖPNV: Bus 1/2/4/5/6/8, Haltestelle Posecksche Garten

Ein Denkmal für die Liebe

25 *Der Stein des Glücks in Goethes Garten*

Welche Denkmäler sollte man gesehen haben in einer Stadt, die so voll davon ist? Welchem Dichter oder Musiker huldigen oder an welchem Gedenkstein innehalten? Unbedingt soll man das tun an einem Ort, der einzig einer romantischen und schicksalhaften Liebe wegen geschaffen wurde. Als der junge Goethe, gerade 18 Jahre alt, nach Weimar kam, war die 7 Jahre ältere Charlotte von Stein bereits verheiratet und Mutter mehrerer Kinder. So konnte sie dem Dichter offiziell nie mehr als eine mütterliche Freundin sein, und doch verband die beiden bereits kurz nach ihrer ersten Begegnung eine Liebe, die ihren Niederschlag in Tausenden Briefen, Gedichten und Tagebucheinträgen fand. Nur wenig später schenkte der junge Großherzog Carl August seinem Freund Goethe ein kleines Häuschen am Parkrand, ein ehemaliges Winzerhaus, wohl auch, um ihn in der Stadt zu halten. Etwa 400 Meter liegen zwischen diesem und dem Haus der Frau von Stein. Aus ihrem Fenster konnte sie ihn sehen: den Stein des Guten Glücks, den Goethe zwar zu Ehren der Schicksalsgöttin Tyche errichtet hatte, der jedoch ganz der von ihm innig Geliebten gewidmet war. Die auf dem Würfel ruhende, schlichte Kugel steht für die Unbeständigkeit in der Stabilität, für das Fragile und gleichzeitig Unerschütterliche. Lässt sich Liebe schöner darstellen? Wenn die hohen Parkbäume ihr Laub abwerfen, kann man von hier aus gleichzeitig Goethes erstes eigenes Wohnhaus sehen und ebenso die Fenster, hinter denen Charlotte von Stein lebte und sich vielleicht nach ihrem Verehrer sehnte. In diesem üppigen Garten mit seinen romantischen Wegen, gesäumt von Sträuchern und Hecken, im schwelgerischen Duft all der Blumen, verbinden sich die Lebensläufe einer Liebe, die unlebbar war, und vielleicht genau deswegen dauerhaft und beständig. Einige Jahre später zog Goethe in das größere Haus am Frauenplan, doch das Gartenhaus und der Stein des Glücks blieben weiterhin ein Ort, wo das leidenschaftliche Herz Ruhe und Inspiration fand.

TIPP In der Tourist-Information und an anderen Orten kann man den Glückstein auch zum Mitnehmen erwerben.

Goethes Gartenhaus im Park an der Ilm (Zugang über Ackerwand), Platz der Demokratie, 99425 Weimar, Tel. (0 36 43) 54 54 00

ÖPNV: alle Buslinien, Haltestelle Goetheplatz

Das Kleinod im Grünen

26 *Erholung im Kurpark in Bad Berka*

Es gibt verschiedene Möglichkeiten, von Weimar aus Bad Berka zu erreichen. Außer der Bundesstraße und Buslinie gibt es auch eine Zugverbindung, und der gut ausgebaute Ilmtal-Radweg führt ebenfalls hierher. Und wer die Schönheit des Landschaftsschutzgebietes Mittleres Ilmtal, in dessen Zentrum der kleine Ort liegt, ganz pur genießen möchte, begibt sich auf die etwa 10 Kilometer lange Wanderung. So tat es einst schon Johann Wolfgang von Goethe, der zusammen mit seinem Architekten Coudray maßgeblich an der Gestaltung des zauberhaften Städtchens beteiligt war. In dieser Zeit entstanden hier, umgeben von den Thüringer Wäldern, die ersten Kuranlagen und der weitläufige Kurpark mit seinen klassizistischen Bauten, charmanten Pavillons, modernen Skulpturen und vor allem den vielfältigen Angeboten. So werden beispielsweise an den Sommerabenden während des „Parkgeflüsters" die Bepflanzungen von Lichtern und Farben umhüllt, begleitet von Klängen, die von Schülern des Musikgymnasiums Schloss Belvedere eingespielt wurden. Aber nicht nur der Seele kann man hier Gutes tun, denn immerhin darf sich der Ort seit 1911 tatsächlich Kurbad nennen. Die Heilkraft des Wassers kann man aus dem Goethebrunnen genießen oder in der nahe gelegenen Kneippanlage äußerlich anwenden. Und wer statt der stilvollen Parkanlagen die unberührten Wälder spüren möchte, dem sei der Spaziergang den Tegtmeier-Weg entlang empfohlen. Benannt nach dem Arzt und Mitbegründer der Zentralklinik führt dieser von der hochmodernen Rehaklinik durch den duftenden Wald hin zur stillgelegten und verlassenen Sophienheilstätte, einem Ort voll morbider Romantik. Das kleine Bad Berka ist eine der ältesten Kurstädte Thüringens, und es wirkt doch mit all seiner Vielfalt gleichzeitig inspirierend frisch und modern. Man spürt hier ganz die Elemente der Natur und fühlt sich bei jedem Besuch auf besondere Weise gereinigt und inspiriert. Ganz gleich, auf welche Weise man hierher gelangte.

TIPP **Der Paulinenturm oberhalb der Stadt ist Teil des 26 Kilometer langen Drei-Türme-Rundwanderweges.**

Kurpark mit Tourist-Information, Parkstraße 16, 99438 Bad Berka
www.bad-berka.de

ÖPNV: Bus 221/237 ab Busbahnhof oder Hauptbahnhof, Haltestelle Bad Berka Bahnhof oder Regionalbahn, Haltestelle Bad Berka (Fahrradmitnahme möglich)

Die Lotte in Weimar

27 *Im Kirschbachtal*

Er fließt durch das Kirschbachtal und hat mit Thomas Manns Romanfigur nichts zu tun: der Lottenbach, auch Lotte genannt, der unter der Stadt verläuft, irgendwann in die Ilm mündet und über einige andere Flüsse am Ende die Nordsee erreicht. Doch davon ahnt man nichts, wenn man an dem idyllischen Bächlein oder seinem Nebenfluss, dem Kirschbach, entlangschlendert. Flankiert von Kleingärten findet man sich hier, nur wenige Schritte von den Straßen der Stadt, mitten in einer stillen und dörflichen Umgebung wieder. Der kleine Fluss strömt über Steine und gebrochene Äste, entlang des Weges stehen vereinzelte Gehöfte und rustikale Scheunen, die angrenzenden Hänge und Streuobstwiesen erscheinen in jeder Jahreszeit in anderen Farbtönen. Nur wenige Menschen gehen hier spazieren, naturliebende Spaziergänger, Hundebesitzer, vereinzelte Jogger – und natürlich Familien mit Kindern, die in dem flachen, sprudelnden Wasser fröhlich spielend wohl alle elektronischen Ablenkungen vergessen haben. Schon die Weimarer Malerschule hatte den Reiz dieser abwechslungsreichen und doch friedlichen Landschaft für sich entdeckt, viele der Zeichnungen und Gemälde von Max Liebermann, Theodor Hagen und anderen entstanden hier. Und auch heute noch spürt man den sanften, beruhigenden Reiz dieser Gegend. Vom Südhang, einer Erhebung am Ende der Jädestraße, öffnet sich der Blick über Kirsch- und Apfelbäume weit in das Tal hinein. Gelegentlich zeugen Aschereste von kleinen Lagerfeuern und Picknicken, die abgehalten wurden. Der Pfad von hier hinunter zum Bach ist ausgefahren von unzähligen winterlichen Schlittenabfahrten. Auf der anderen Seite des Tales liegt eine Pferdekoppel. Unweit davon findet man vielleicht noch die Reste der Brunnenstuben, Quellen, aus denen über lange Leitungen die Brunnen der Stadt versorgt wurden. Wasser, Himmel, Pflanzen – mehr bedarf dieser Ort nicht. Alles wird ruhiger hier, die Gedanken fließen leicht beim Gehen und ein Lächeln erfüllt die Seele.

TIPP

Nicht nur in der Weihnachtszeit gibt es in der Forellenanlage An der Lotte fangfrischen Fisch.

Kirschbachtal, 99425 Weimar

ÖPNV: Bus 2, Haltestelle Shakespearestraße oder Bus 3, Haltestelle Damaschkestraße

Hofidyll am Flussufer

28 *Das Deutsche Bienenmuseum*

Um die Superlative gleich vorwegzunehmen: In Weimar gibt es die weltgrößte Sammlung von Figurenbeuten. Diese Information bedarf für die meisten wahrscheinlich einer Erklärung: Dabei handelt es sich um Bienenstöcke, künstlerisch gestaltet in – natürlich – Figurenform. Aber nicht nur deswegen gehört das Bienenmuseum zu den schönsten und vielseitigsten Orten der Stadt. Denn da wäre zunächst die einzigartige Lage. Nur wenige Schritte sind es vom südlichen Ende des Ilmparks, dann erreicht man das schlichte hölzerne Tor zum Gelände eines ehemaligen Landgasthofes. Dahinter öffnet sich zwischen den niedrigen Gebäuden der charmante und weitläufige Museumshof, der in den üppig blühenden Garten übergeht. Die dort angebauten verschiedenen Pflanzen bieten den Honigbienen über den ganzen Sommer hinweg ein reiches Angebot an Pollen. In das Summen der Bienen mischen sich das Zwitschern der Vögel und das Rauschen des Flusses unter den hohen alten Bäumen. Das Idyll ist vollkommen. Der kleine Hofladen verkauft Honig in einer ungeahnten Vielfalt, von fruchtig süß bis herb würzig, das Café bietet neben Kaffee und Kuchen gesunde und leckere kleine Speisen, und zweimal im Jahr gibt es zum Backofenfest leckere Rahmfladen, Pizza und Bienenstich frisch aus dem Lehmbackofen. Nicht zu vergessen das eigentliche Museum, gegründet 1907 und damit das älteste seiner Art in Deutschland. Es verbindet die Kulturgeschichte der Imkerei und der Honigherstellung mit anschaulich aufbereiteten Fakten rund um das Leben der ökologisch so wichtigen und zunehmend bedrohten Biene und ihre vielfältigen Behausungen. Wenn es in Weimar einen Ort gibt, der Kinder und Erwachsene gleichermaßen begeistert, dann ist es wohl dieser hier. Während die einen sich informieren oder ein erfrischendes Getränk genießen, stromern die anderen durch den Garten oder schauen auf das vorbeifließende Wasser. Harmonisch ist es hier im Hof, voller Leichtigkeit und unaufgeregter Genüsse, Besinnung und Inspiration liegen nahe beieinander.

TIPP Die Bibliothek und der große Saal lassen sich für verschiedenste Veranstaltungen anmieten.

Deutsches Bienenmuseum, Ilmstraße 3, 99425 Weimar, Tel. (0 36 43) 4 92 04 01
http://bienenmuseum.lvthi.de
ÖPNV: Bus 1, Haltestelle Plan

Kunst und Experiment

29 *Theater im E-Werk*

Die Zufahrt ein offen stehendes Tor im Metallzaun, über verwitterte Betonplatten gelangt man in einen unbefestigten Hof, auf dem sich unsanierte Mauerwände und knorrige Bäume in den Pfützen spiegeln. Vergilbte Plakate an den Putzwänden, der Eingang ein braunes Brettertor – kann so ein Ort tatsächlich ein Glücksort sein? Oh ja, in diesem Fall tatsächlich sehr!

Das vom Deutschen Nationaltheater genutzte E-Werk ist Teil der stillgelegten Industrieanlage, in deren Areal sich auch das Lichthaus-Kino befindet. Erbaut 1897, wird das ehemalige Elektrizitätswerk seit 2000 als Spielstätte genutzt. Und was von außen so schlicht und fast verfallen anmutet, offenbart sich beim Betreten als eine reichhaltige Schatzkiste. Das Miteinander von Ziegelwänden und alten Kesselanlagen unter weit gespannten Dachträgern, in Szene gesetzt von unterschiedlichsten Lichtinstallationen, öffnet schon beim Betreten eine verzauberte Welt. Je nach Aufführung erscheint der Ort märchenhaft fantastisch oder kommunikativ inspirierend; gerade die Einheit von historischer Industrieanlage und modernen Medien eröffnet einen Raum, in dem der Besucher nicht nur bloßer Zuschauer ist, sondern Teil der Inszenierung wird. Überhaupt, die Inszenierungen: Ist das Große Haus des Theaters eher den klassischen Stoffen vorbehalten, bieten das Kesselhaus und die Maschinenhalle die Möglichkeit, auch experimentelle oder kontroverse Stoffe auf die Bühne zu bringen, viele davon als Stückentwicklungen mit dem Ensemble und den Hausregisseuren. Diese direkte Nähe zum Publikum ist es, die die Aufführungen umso intensiver wirken lässt, und wie selbstverständlich kommt man beim Wein in den Pausen oder danach mit anderen Gästen und den Schauspielern ins Gespräch. Auch Diskussionen und Konzerte, die hier stattfinden, sind mehr als reine Vortragsveranstaltungen: Unter dem Dach der Industriehalle ist man beieinander und tauscht sich aus – man teilt sich mit und miteinander den Kunstgenuss. Macht das nicht einen Glücksort aus?

E-Werk Weimar, Am Kirschberg 4, 99423 Weimar, www.nationaltheater-weimar.de

ÖPNV: Bus 2/3/9, Haltestelle Friedensstraße/Atrium

E-WERK
BRÜDER UND SCHWESTERN

Die Wiege der Moderne

30 *Das Neue Bauhaus-Museum*

Viel wurde in Weimar diskutiert, bevor 2019 das Neue Bauhaus-Museum eröffnete, genau 100 Jahre nach der Gründung des Bauhauses in Weimar. Zu groß, zu eckig, zu viel Beton, und überhaupt: Warum gerade dort? Und doch gab es keinen geeigneteren Platz dafür, keinen besseren Ort, um das dritte wichtige Zeitalter der Weimarer Kultur zu illustrieren. Nach den goldenen Jahren der Klassik um Goethe und Schiller und dem Silbernen Zeitalter um Liszt und die Weimarer Malerschule, markierten die 1920er- und 1930er-Jahre einen weiteren Umbruch: Während im Süden der Stadt das Bauhaus den Weg in die künstlerische und soziale Moderne bereitete, unterbrachen die Baumeister der NSDAP den Grünzug des Weimarhallenparkes zum Ilmpark und errichteten dort das Gauforum, kurz davor war die Weimarhalle eingeweiht worden. Mit dem Neubau des Bauhaus-Museums entstand hier nun ein Platz, der nicht nur baulich die künstlerischen Stile und Absichten jener Zeit zusammenfasst, sondern auch – mit seiner rückwärtigen Terrasse – den Bezug zu der idyllischen innerstädtischen Parkanlage wiederherstellt. Und dann erst die Ausstellung! Hier begreift man, was das Bauhaus war, welcher mutige, fast anmaßende und gleichzeitig berauschend ganzheitliche Gedanke hinter dem Manifest stand. Nicht weniger als eine neue Gesellschaft, ein neues Zusammenleben sollte geschaffen werden – ein Gedanke, der ebenso naiv wie berückend ist, auch heute noch. Die sprichwörtlich gewordene Wiege der Moderne steht an zentraler Stelle: in den Grundfarben Rot, Blau und Gelb, die Grundformen Quadrat, Kreis und Dreieck aufnehmend. Darum spannt sich das Netz einer Idee, die vom Kinderspielzeug bis zur Operninszenierung reicht. Es ist schwer, sich dem berauschenden Sog dieser Absicht zu entziehen, wenn man danach voller Inspiration bei einem Cappuccino mit Blick auf die Enten des Teiches sitzt.

TIPP

Kunst der Vormoderne, von der Weimarer Malerschule bis zu van de Velde im nahe gelegenen Neuen Museum.

Bauhaus-Museum Weimar, Stéphane-Hessel-Platz 1, 99423 Weimar
www.bauhausmuseumweimar.de
ÖPNV: alle Buslinien, Haltestelle Goetheplatz

„Sieh nur, sieh ...!"

31 *Üppige Parkarchitektur entlang der Ilm*

Man fährt nach Weimar nicht wegen des Parks. Zu viel an Hochkultur verheißt ja der Ruf dieser Stadt mit all ihren Museen, Schlössern und Gassen. Und doch schrieb vor 150 Jahren der Schriftsteller Adolf Stahr, dass Weimar ja eigentlich ein Park sei, in welchem eine Stadt liegt. Dieser Park ist eine ganze Welt in sich, und wenn man sie einmal für sich entdeckt hat, möchte man sich darin verlaufen und ergehen, sich verlieren und neu finden dabei. Die Ilm schwingt sich in weiten Bögen zwischen den Grünflächen, vorbei an Baumgruppen, die idyllische Durchblicke freigeben wie zum Beispiel zur einige Kilometer entfernten Dorfkirche von Oberweimar oder die legendäre Sichtachse zwischen Goethes Gartenhaus und dem Schlafzimmerfenster seiner Freundin Frau von Stein. In welcher Jahreszeit ist der Park wohl am schönsten, fragt man sich, und findet keine Antwort. Im Frühling schlendert man, den „Osterspaziergang" rezitierend durch die erwachende Natur mit ihren mannigfaltigen Schattierungen zarten Grüns, und im Sommer sind die Wiesen übersät von wilden Blumen. Im Herbst kann man sich nicht sattsehen an der Farbenvielfalt der Bäume, die Kinder sammeln Kastanien und Eicheln, und im Winter, wenn die Wege menschenleer sind bis auf ein paar vereinzelte Jogger, sieht man in den kahlen Bäumen das schwarze Laub der Krähen, und der Nebel steht über dem Fluss. Und dann sind da noch die vielen kleinen Geheimnisse, die romantischen Grotten und künstlich angelegten Ruinen, die Treppen und Gedenksteine, die versteckten Nischen und einladenden Bänke. Ob man nun schlendernd den immer neuen Zauber dieser Parklandschaft in sich aufnimmt, die sich so nahe an die Stadt schmiegt, oder ob man mit lustvoller Neugier seinen Geschichten nachspürt: Die Großzügigkeit dieses Ortes erfüllt jeden mit tiefer Freude. Eigentlich fährt man nicht wegen des Parks nach Weimar. Aber welch ein Glück, dass es ihn gibt!

TIPP

Eine 4 Kilometer lange Joggingrunde führt vom Schloss nach Süden und zurück.

Park an der Ilm, Beethovenplatz (Zugang über Ackerwand oder Belvederer Allee), 99423 Weimar

ÖPNV: Bus 1/5/6/8, Haltestelle Wielandplatz

Das Ganze im Kleinen

32 *Kaffee, Kultur und Kontakte im Fama Café*

Was ist denn nun eigentlich das Besondere an Weimar, wird man als Liebhaber der Stadt vielleicht gefragt. Die Kultur natürlich, vor allem aber die Literatur. Bücher und deren Autoren spielen eine wichtige Rolle und machen die Einzigartigkeit der kleinen Stadt aus. Auch die Gastronomie: In kaum einer anderen deutschen Stadt gibt es eine derart hohe Konzentration an Restaurants und Cafés, und die meisten bieten regionale, gesunde und immer häufiger vegetarische Köstlichkeiten an. Und dann ist da natürlich die Enge, oder besser: Dichte der Stadt, die Weimar gemütlich und überschaubar macht. Ruhm strahlt hier heller, und auch Gerüchte verbreiten sich schneller. Man kennt einander und gehört schnell dazu. All das trifft – ohne Übertreibung – in wunderbarer Weise auf das kleine Café Fama zu. Fama, das ist die Gottheit des Ruhms und des Gerüchts. Klein anfangs, wächst sie, je mehr sie sich bewegt. Und mindestens ebenso göttlich geborgen fühlt man sich in diesem Café, in dieser Welt in der Stadt – wenn man einen Platz bekommt. Denn für viele, gerade Jüngere, ist das Fama ein zweites Wohnzimmer geworden. Was natürlich auch an den kulinarischen Genüssen liegt, die Inhaberin Monique Schröder täglich frisch zubereitet. Das Angebot reicht von herrlichen Kuchen, wie dem Carrot Cake, bis hin zu fantastischem Frühstück und speziellen Suppen und Tagesgerichten, vieles davon vegan und glutenfrei. Die ausgewählten Bücher in den Regalen, die man lesen, mitnehmen, tauschen oder kaufen kann, halten durchaus neue Entdeckungen bereit. Und auf den breiten Holztreppen vor dem Café sitzt man wie im Kino, wenn Einheimische und Touristen vorüberflanieren. Manche Idee wurde hier geboren, mancher Plan geschmiedet, und sicher manches Gerücht in die Welt Weimars gesetzt. Doch dass das Fama eines der charmantesten und inspirierendsten Cafés der Stadt ist – das ist nun wirklich kein Gerücht, sondern die reine Wahrheit.

TIPP **In der Marktstraße gibt es die Fama-Manufaktur, mit Platz zum Sitzen und Leckereien zum Mitnehmen.**

Fama Café & Bücher, Windischenstraße 20, 99423 Weimar, Tel. (0 36 43) 9 08 14 51
ÖPNV: alle Buslinien, Haltestelle Goetheplatz

DEUTSCHLAND

Buntes Treiben im Mai

33 *Der größte Flohmarkt Thüringens*

Einmal im Jahr, wenn der Frühling in den Sommer übergeht, füllt sich die Innenstadt Weimars mit Antikem, Tand und Trödel. Im Dämmerlicht des ersten Maimorgens sichern sich die Ersten schon ihren Standplatz auf Thüringens größtem Flohmarkt. Über 300 Stände sind es jedes Jahr, mit dabei sind die erfahrenen Händler mit ihren ausladenden Tischen voller messingschimmernder Antiquitäten, junge Mütter und Väter, die gemeinsam mit ihren Kindern Spielzeug und Anziehsachen verkaufen, oder Studentinnen, die ihre im Freiwilligenjahr in Indien erworbenen Kenntnisse in Henna-Malerei für ein paar Euro anbieten. Zentrum dieses bunten Treibens ist der Kasseturm, ältester Studentenclub im Osten des Landes und Ausrichter des Flohmarktes. Der traditionelle Frühschoppen findet im Schatten des trutzigen Baus statt, begleitet von Dixieland-Klängen der legendären Kasseturm-Jazzband. Man steht, trinkt, schaut und schlendert weiter, und man kann sich nicht sattsehen an all dem Tand und Trödel, Kunst und Kitsch, Antikem und Ausgeräumten. In das Stimmengewirr der Menschen, die schauen und vielleicht finden, was sie nie suchten, mischt sich der Duft von Zuckerwatte und Rostbratwurst, und tiefe Zufriedenheit liegt in der Frühsommerluft. Später am Tag sollte man sich unbedingt an den südlichen Stadtrand begeben. Denn dort findet in einer lang gezogenen, abschüssigen Straße das traditionelle Seifenkistenrennen statt. Entstanden als spontane Idee einiger Bauhaus-Studenten ist es heute einer der Höhepunkte des Maitages. Mit riesigen Heuballen ist die Strecke gesichert, auf der die unterschiedlichsten selbstgebastelten Gefährte nacheinander um die Wette rollen, skurril und farbenfroh und waghalsig, angefeuert von Hunderten Zuschauern jeden Alters. Preise gibt es für Style und Speed, und für alle gibt es Musik und natürlich kulinarische Versorgung. An diesem ersten Maitag finden sich alle zusammen, in einem Fest der Lebensfreude und der Sinnenlust feiert man auch die Ankunft des Wonnemonats.

Flohmarkt in der gesamten Innenstadt (Goetheplatz/Theaterplatz), außerdem: Windmühlenstraße, 99423 Weimar
ÖPNV: Bus 2, Haltestelle Gutenbergstraße

33

Das Kunstschloss im Wald

34 *Inspiration und Idyll im Schloss Ettersburg*

Vielleicht findet das Glück immer dann seinen Weg zu uns, wenn Dinge, Menschen und Ereignisse zusammenkommen, die zwar unterschiedlich sind, aber einander bereichern und aus diesem Miteinander etwas Besonderes erschaffen. Und vielleicht bedarf es dann nur noch eines Ortes, der dieses Miteinander ermöglicht und befördert. Ein solcher Ort war und ist bis heute das Schloss Ettersburg, auf dem Hügel nördlich der Stadt. Schon als Herzogin Anna Amalia hier ihre Sommerresidenz wählte und einen Musenhof einrichtete, an dem Goethe dichtete und Schiller seine Dramen schrieb, so wie vor ihnen Bach und später Liszt hier musizierten, Wieland und Hans Christian Andersen ihre Texte lasen, und sogar die kleinwüchsige Hofdame Luise von Göchhausen voller Elan auf der Bühne stand, war spürbar, dass dieses einstige Jagdschloss inmitten der Wälder einen besonderen Zauber hat. Dem Landschaftsplaner und Genussmenschen Fürst Pückler kommt der Verdienst zu, Namensgeber einer in das Gehölz geschlagenen Schneise zu sein, die heute als malerischer Wanderweg den Parkplatz an der Bundesstraße mit dem Schlossareal verbindet. Man kann nicht anders als überwältigt sein von dem Blick, wenn man aus den kulissenartig gestaffelten Baumgruppen den weiträumigen Wiesenhang betritt, der im Winter die beliebteste Rodelstrecke der Weimarer ist und dabei Szenen wie aus einem Breughel-Gemälde lebendig werden lässt. Dahinter steht das Schloss, auch heute noch ein Schmelztiegel von Künsten aller Art. Nach einer wechselvollen Nachkriegsgeschichte wurde das Schloss als Tagungs- und Kulturort wiederentdeckt und hergerichtet. Gesellschaftspolitische Diskussionen finden hier ebenso statt wie wissenschaftliche Kongresse, dazu immer wieder Lesungen und Konzerte aus Chanson, Jazz und Klassik. Es ist der inspirierende Sog dieser Vielfalt in der barocken Schlossanlage inmitten der dichten Wälder des Nordkreises, der über die Jahrhunderte hinweg Künstler und Genießer in beglückendem Austausch zusammenbrachte.

TIPP Das schnell ausverkaufte Pfingst.Festival führt alljährlich hochrangige Künstler hierher.

Schloss und Park Ettersburg, Am Schloss 1, 99439 Ettersburg, Tel. (0 36 43) 7 42 84 20, www.schlossettersburg.de

ÖPNV: Bus 4, Haltestelle Ettersburg (Schloss)

Geschützt und geschmückt

35 *Im Schirmmuseum von Annelies Pennewitz*

So wie man im Hochsommer nicht in ein Solarium geht, würde man wohl auch an einem Schirmgeschäft eher vorbeigehen. Und als gut ausgestatteter Tourist hat man seinen Regenschutz bei Bedarf ohnehin bei sich. Aber so vorbereitet entgeht einem vielleicht einer der charmantesten Orte Weimars: das Schirmmuseum von Annelies Pennewitz. Schon vor dem Abschluss ihrer Ausbildung zur Schirmmachermeisterin übernahm sie die Leitung des Geschäftes, das heute in dem kleinen Haus in der Innenstadt seine Heimat gefunden hat. Und neben der Herstellung und Reparatur von Schirmen begann sie ebenso früh damit, historische Schirme zu sammeln. Diese werden jetzt im Obergeschoss des Geschäftes präsentiert und stellen dort neben dem Handwerk der Schirmmacherei vor allem ihre historische Entwicklung dar: Beginnend mit Papierschirmen aus China, die eher dem Sonnenschutz dienten, über Schirme mit Rüschen und Troddeln, Schirmen, die einer zarten Blüte ähneln oder einem alles überspannenden Helm, bis hin zu den „Knickern“ der Goethezeit, die genauso als Fächer benutzt werden konnten. Zu jedem kann Frau Pennewitz eine Geschichte erzählen – wenn die Zeit es zulässt, denn immer noch kommt auch Laufkundschaft in den Laden. Man mag auf den ersten Blick verwundert sein, dass es Geschäfte wie dieses noch gibt, bevor einem bewusst wird, dass hier das Handwerk im besten Sinne des Wortes gefeiert wird: Nicht nur die Erfüllung eines Bedürfnisses, sondern die Verbindung von Nutzen und Schönheit. Und dass das Knicken des Schirmes in der Hand einer jungen Frau mehr war als nur eine Reaktion auf den nachlassenden Regen, sondern eine Botschaft an den jungen Kavalier, erfährt man hier wie nebenbei. Wenn man aus dem kleinen Geschäft wieder auf den gepflasterten Weg tritt und zum Himmel über Weimar schaut, ist man vielleicht froh, gerade keinen Schirm zu brauchen. Aber angesichts der gerade erlebten Vielfalt und Schönheit bedauert man es eventuell auch ein wenig.

Fachgeschäft für Schirme und Taschen Annelies Pennewitz, Rittergasse 19, 99423 Weimar, Tel. (0 36 43) 90 33 63

ÖPNV: alle Buslinien, Haltestelle Goetheplatz

Das Glück der Erde ...

36 *Mit der Pferdekutsche durch Weimar*

Über die Dinge der Welt erhaben zu sein, ist eine durchaus zweiseitige Sache. Einerseits lässt es einen die Schwierigkeiten und Störungen des Alltags leichter ertragen und mit einem Lächeln hinnehmen. Andererseits hat Erhabenheit auch leicht den unangenehmen Beigeschmack, sich anderen überlegen und als etwas Besseres zu fühlen. Diesen Gefühlen kann man selbst nachspüren, wenn man sich, wie schon die Damen und Herren des Hofes, mit einer Kutsche durch die Innenstadt Weimars fahren lässt. Das Rattern der Holzräder auf dem Pflaster und das Trappeln der Hufe gehören fast das ganze Jahr zur Geräuschkulisse der Innenstadt. Ein besonderer Reiz geht vom Anblick der Kutschen gerade in den engen und autofreien Gassen der Innenstadt aus: Saß nicht gerade noch der alte Goethe dort in seinen Polstern, huldvoll auf seine Bewunderer herabschauend? Fuhr dort nicht die russische Prinzessin ihrem Gemahl im herzöglichen Schlosshof entgegen? Schon der Moment des Aufsteigens ist ein besonderer, wenn ein verschmitzt lächelnder Kutscher seinen Zylinder zum Gruß hebt oder eine charmante Kutscherin nach besonderen Wünschen fragt. 1 bis 1,5 Stunden dauert die Rundfahrt, je nach Anbieter, von denen es einige in der Stadt gibt. Ein beliebter Ort des Zusteigens ist, ganz traditionell, der Platz vor Goethes Wohnhaus. Hier auf dem Frauenplan treffen sich Kutscher und Pferde, zwischen kurzen Gesprächen werden die Tiere aus dem Brunnen getränkt und abgerieben, während sich die Kinder um die Gefährte drängen, mit leuchtenden Augen, und dann auch die Erwachsenen gerne der Verlockung nachgeben.
Und so lässt man sich, begleitet von kundigen und unterhaltsamen Erklärungen, an den Sehenswürdigkeiten vorbeikutschieren und sitzt zwar nicht auf Hohem Ross, aber dafür hoch auf dem gelben (oder blauen oder schwarzen) Wagen und rollt durchs Städtchen. Wer will, kann dabei auch singen – und so macht das Erhabensein doch wirklich Spaß!

Kutschfahrt durch Weimar, Zustieg z. B. am Frauenplan, 99423 Weimar
www.kutschfahrten-grobe.de oder www.weimar-kutschfahrten.de
ÖPNV: Bus 1/5/6/8, Haltestelle Wielandplatz

Alles Gute beieinander

37 *Entspannung im Familienhotel Weimar*

Eigentlich kommen ja nie alle Vorzüge zusammen, sagt man sich oft, und ist dann gerade auf Reisen gern mal bereit, Kompromisse einzugehen. Doch wie groß ist das Glücksgefühl, wenn man sich unerwartet an einem Ort wiederfindet, an dem tatsächlich alles perfekt ist! In der wohl schönsten Seitenstraße Weimars, der romantischen Seifengasse, steht das Familienhotel mit Gretchens Restaurant im Erdgeschoss. Schlank und hoch sind die Fenster, die breiten hölzernen Fensterbänke laden zum Sitzen und Verweilen ein, mit Blick auf die historischen Mauern gegenüber. Historisch ist auch die Nachbarschaft, denn zentraler könnte dieses Hotel für den kulturhungrigen Weimarbesucher nicht liegen: Das Goethemuseum befindet sich direkt nebenan. Der Ruhe suchende Naturfreund ist ebenfalls beglückt, denn schon von der Haustür aus sieht man den Eingang in den weitläufigen Park an der Ilm. Dass das Haus fast komplett aus Holz errichtet wurde und Lehmwände für ein gesundes Raumklima sorgen, was mit dem Thüringer Holzbaupreis und dem Tourismuspreis ausgezeichnet wurde, freut natürlich den Umweltschützer. Auch die Zimmer und Ferienwohnungen sind liebevoll ausgestattet, viel Holz und helle Farben, flexibel in der Anordnung von Betten und Kuschelecken, mit Maltafeln und sonnigen Balkonen. Familienfreundlich ist auch das Restaurant mit der Kletterhöhle für die Kleinen, das Angebot der vielfältigen Speisekarte basiert auf regionalen und biologischen Zutaten, dank der engen Zusammenarbeit mit dem Bioladen am Herderplatz. Und als ob das alles noch nicht genug ist, gibt es noch eine üppig bewachsene Dachterrasse, die für die Kinder eine Spielecke und für alle einen herrlichen Blick über die Dächer der Altstadt bietet. Wo keine Wünsche offen bleiben, kann man die Seele baumeln und den Geist sich frei entfalten lassen. Nur die hoteleigenen Parkplätze befinden sich ein paar Hundert Meter entfernt. Ein Glück, denn irgendwas ist ja immer.

Familienhotel Weimar und Gretchens Restaurant & Café, Seifengasse 8, 99423 Weimar, Tel. (0 36 43) 4 57 98 88, www.familienhotel-weimar.de

ÖPNV: Bus 1/5/6/8, Haltestelle Wielandplatz

Wer will Wirklichkeit?

38 *Mythisches in der Wasserburg Kapellendorf*

Wer den Weg ins etwa 10 Kilometer entfernte Kapellendorf gefunden hat, weil es dort eine Burg geben soll, von der die einschlägigen Reiseführer behaupten, es sei eine der größten und am besten erhaltenen Thüringens, der wird schon vor dem Tor angemessen begrüßt. Lautes Froschquaken ertönt aus dem Burggraben, zwischen Algen, Schilf und Seerosenblättern schwimmen allerlei Wasservögel und in den Nischen der Burgmauern nisten flatternd die Tauben. Über eine steinerne Brücke betritt man den Innenhof durch ein klassizistisches Portal – und findet sich plötzlich an einem Ort wieder, der Assoziationen mit einer wilden Felslandschaft weckt. Auch wenn es sich um verfallene, teilweise sanierte oder gesicherte Gebäudereste handelt, spürt man hier den Mythos einer lang zurückliegenden Geschichte, einer Geschichte, die bis ins frühe Mittelalter reicht. Wild wachsen Gräser und Blumen zwischen den Steinen, in der Ferne ragt der trutzige Turm in den Himmel, enge Steige führen über Mauerkronen und durch verfallene Bögen. Eine Landschaft voller Abenteuer, Durchblicke und Aussichten. Nicht ohne Grund heißt die Ausstellung in der einstigen Kemenate „Mythos und Wirklichkeit“, und fast überlegt man, ob man denn wirklich mit historischer Wirklichkeit konfrontiert werden möchte. Ist das Gefühl, hier mit beseeltem Entdeckerblick durch ein mythisches Areal zu schlendern, wie man es aus Abenteuerfilmen oder Videospielen kennt, nicht ungleich reizvoller? Umso mehr, als dieser Innenhof auch immer wieder Kulisse für Jahrmärkte, Theateraufführungen und Konzerte ist. Und der Rundweg um die Burg, entlang dem üppigen Biotop des Wasserlaufes, im Duft unzähliger Hecken und Sträucher, ist ein vollendet sinnliches Erlebnis. Wenn man Glück hat, verläuft man sich dabei ein wenig und entdeckt in dem kleinen Ort das Keramikatelier von Petra Töppe-Zenker. Hier trifft die Ruhe der individuellen Arbeiten auf die Vielfalt der Einflüsse, nicht zuletzt die Musik des renommierten Gitarristen Falk Zenker.

TIPP Das Kabaretttheater Fettnäppchen befindet sich in einer Scheune nur wenige Meter von der Burg entfernt.

Wasserburg Kapellendorf, Am Burgplatz 1, 99510 Kapellendorf
www.burg-kapellendorf.de

Keramikatelier Petra Töppe-Zenker, Am Bäckerberg 6, 99510 Kapellendorf, Tel. (03 64 25) 5 09 81

Im Zauberland

39 *Ästhetik und Ethik im Schauschau*

Welche Neugier, welche Suche treibt uns an und führt uns an neue Orte – wie zum Beispiel als Tourist nach Weimar? Hier halten sich erfüllte Erwartungen und erkenntnisreiche Entdeckungen wunderbar die Waage, sowohl für die Besucher als auch für die Studenten. Etwa 5000 davon gibt es in dieser Stadt, und mit ihrem Bewusstsein für gleichzeitig zeitgenössische und nachhaltige Entwicklungen sind sie auch eine politische und wirtschaftliche Einflussgröße. Viele Kulturprojekte, gastronomische Angebote oder andere etablierte Initiativen haben ihren Ursprung an einer der beiden Hochschulen. An der Bauhaus-Universität gehen seit einigen Jahren besondere Impulse von den Studenten des Produktdesigns aus. Einige davon sind im Schauschau zu sehen. Entstanden ist der Laden aus der privaten Initiative von Bettina Viertel und ihrem Lebensgefährten, die einst beschlossen, gerade studentische Arbeiten in die Öffentlichkeit zu bringen. Mittlerweile sind auch viele andere regionale Künstler, Gestalter und Designer dankbar für diesen Ort, an dem sie ihre Produkte ausstellen und anbieten können. Textilien gibt es natürlich, farbenfrohe Shirts und Blusen, bestickte Röcke und Jacken, Kinderbekleidung und Spielzeug, Druckartikel wie liebevoll gestaltete Notizbücher und Magazine in kleinen Auflagen, all das handgefertigt oder in kleinen Mengen, und vor allem fair, nachhaltig und regional produziert. Den kleinen Laden unweit der Herderkirche gibt es zwar schon seit über 10 Jahren, er ist aber immer noch ein Geheimtipp unter den Einheimischen. Das Schauschau lädt ein, zu schauen, zu entdecken, sich überraschen zu lassen. Man geht zwischen den bunt gefüllten Regalen wie durch ein Zauberland und kann sich kaum sattsehen an den liebevoll hergestellten Dingen. Hier findet man, was man nicht gesucht hat, sei es das originelle Mitbringsel oder das kleine Geschenk, das man sich schon immer selbst machen wollte. Das Glück dieser Entdeckung kommt zusammen mit dem Gefühl, etwas Gutes getan zu haben.

TIPP **Weitere studentische Designerarbeiten gibt es beim Weihnachtsmarkt hinter dem Uni-Hauptgebäude.**

Schauschau, Teichgasse 4 (am Herderplatz), 99423 Weimar, Tel. (0 36 43) 90 64 68
www.schauschau.com

ÖPNV: alle Buslinien, Haltestelle Goetheplatz

We made
your
goods

Das einfache Glück

40 *Eiscreme und Törtchen im Biebereis Eiscafé*

Die Vorstellungen von Glück und von dem, was einen glücklich machen kann, sind vielleicht so verschieden wie die Menschen selbst. Doch zumindest beim Genuss einer Kugel Eis an einem warmen Tag scheinen sich alle einig zu sein. Zumal auch dabei die unterschiedlichsten Geschmäcker bedient werden können. Die Eismanufaktur von Felix Bieber genießt seit Jahren Kultstatus in Weimar, und das nicht nur, weil die Angebote von purer Vanille bis hin zum ungewöhnlicheren Lakritz-Brombeere reichen. Es begann vor Jahren mit der Liebe zu Eiscreme, experimentell in der Speisekammer der Wohngemeinschaft eines Medienkunststudenten. Mittlerweile hat es Felix Bieber mit seiner Idee in überregionale Magazine geschafft. Und er hat seit Kurzem eine brasilianische Partnerin, die unter dem Namen O Fruto hier Macarons, Torten und Törtchen verkauft. Doch legendär ist nach wie vor das Eis, das natürlich ohne Konservierungsstoffe mit natürlichen Zutaten und zumeist vegan hergestellt wird. Auch die duftenden Waffeln werden selbst gebacken, und mindestens in der Gestaltung der Pappbecher, in denen die Sorten wie Schoko-Brownie oder Mega-Mango ebenfalls erhältlich sind, lässt sich der einstige Studiengang erkennen. Mittlerweile verkauft Felix Bieber sein Eis auch in Jena und Erfurt, beliefert Firmenveranstaltungen und andere Restaurants der Stadt. Und nach wie vor ist er mit seinem weithin sichtbaren Wagen auf Märkten und Stadtfesten zu finden. Doch der kleine Laden in der Weimarer Innenstadt ist sein Herzstück. Einheimische wie Touristen, Kinder und Erwachsene stehen hier freudig und erwartungsvoll vor dem bunten Angebot. Und wenn dann die Eisportion weich im Sonnenlicht glänzt und sich der fruchtige oder würzige Duft der Kreation entfaltet, wenn dann die Zungenspitze das erste Aroma aufnimmt und kurz danach der ganze Mundraum vom köstlichen Geschmack ausgefüllt wird, der kühl die Kehle hinunterrinnt – dann gibt es keine Zweifel mehr daran, wie einfach das Glück sein kann.

TIPP **Produziert wird das Eis in der Manufaktur in der Erfurter Straße, wo man auch gemütlich sitzen kann.**

Biebereis Eiscafé, Windischenstraße 18, 99423 Weimar, www.biebereis.de
ÖPNV: alle Buslinien, Haltestelle Goetheplatz

Biebereis
Bieber
EISMANUFAKTU
&
Patisserie
Unsere Sommerspecials
Iced Chai
Iced Coffee
Dalgona Coffee
BIEBER
EIS

Zwischen Nixen und Ähren

41 *Pfarrkirche St. Peter und Paul am Stadtrand*

Manchmal findet das Glück ja direkt um die Ecke statt. Da läuft man die Wege, die man immer geht oder die einem der Reiseführer empfohlen hat, man macht die Fotos, die die Daheimgebliebenen erwarten und schickt sie in die sozialen Netzwerke – aber dann plötzlich geht man einen Schritt weiter, einen Schritt nur ab vom Weg und findet sich in einer nicht gesuchten Idylle wieder. Manchmal ist das Glück nur ein „Lass uns doch mal schauen" weit entfernt.
Hinter dem Ilmpark, an dessen Südende, ist die Stadt eigentlich zu Ende. Man ist die geschwungenen Wege entlanggeschlendert, hat die Wiesen hinter sich gelassen, die Baumgruppen, jetzt erscheinen die geduckten Häuser Oberweimars wie ein anderer Ort. Man ist geneigt umzukehren. Doch da schiebt sich der trapezförmige Turm der Kirche Oberweimar ins Bild. Sie ist die wahrscheinlich älteste der Stadt Weimar, zu der dieser Teil des Ortes erst seit 1922 gehört. Das Rauschen, das wir hören, kommt vom Wehr her, und unter uns verläuft der Papierbach, dessen Wasser früher zur Taufe verwendet wurde. Der Schritt über die kleine Brücke hinter der Kirche ist wie der Schritt hinein in ein impressionistisches Gemälde: Hohe Pappeln markieren entlang einem Feldweg eine Allee hin zum Stadtteil Ehringsdorf, eine wilde Wiese mit hohen Gräsern, Getreideähren und intensiv duftenden Blumen öffnet den Blick, und unter der Brücke rauscht der Ilmfluss zum erst kürzlich erneuerten Wehr. Es ist wohl diese Mischung der Sinneseindrücke, das Duften der Wiese, das Strömen des Wassers und der Blick auf die efeuberankte Feldsteinmauer der ehemaligen Klostergebäude, was diesen Ort so einzigartig macht.
Schon Lyonel Feininger fühlte sich hier inspiriert und schuf Zeichnungen des schlichten Kirchturmes, die zu den schönsten seiner Arbeiten gehören. Doch auch ohne dieses Wissen spürt man, wie die Seele hier gleichermaßen angeregt und beruhigt wird. Manchmal ist das Glück dort, wo man es nicht gesucht hat.

TIPP

Das Wort „Idylle" kommt aus dem Griechischen und bezeichnet ursprünglich ein schönes kleines Bild.

- **Pfarrkirche St. Peter und Paul, Klosterweg 8, 99425 Weimar**
- **ÖPNV: Bus 1 (Richtung Ehringsdorf), Haltestelle Falkenburg**

Das Dorf in der Stadt

42 *Weihnachts- und Wintermarkt in der Innenstadt*

Einmal im Jahr, in den letzten Novembertagen, wenn es schon am Nachmittag zu dämmern beginnt, füllt sich die Innenstadt mit dem Duft von Räucherkerzen, Glühwein und Tannengrün. Es ist Weihnachtsmarkt in der Stadt, der sich als Wintermarkt bis in die ersten Januartage hinein erstreckt, und für ein paar Wochen verwandelt sich die kleine Stadt in ein romantisches Dorf. Am Rand dieses Weihnachtsdorfes befindet sich natürlich der zugefrorene Dorfteich in Form einer Eislaufbahn. Zu den Füßen von Goethe und Schiller ziehen Jung und Alt ihre Runden, aus der Hütte daneben dringt der Duft des Holzfeuers. Durch einen hölzernen Bogen betritt man jetzt die Dorfstraße. Die Schaufenster der Fußgängerzone verschwinden hinter geschmückten Holzhütten, in denen Lebkuchen, Spielzeug und warme Socken angeboten werden – und natürlich Glühwein. Wo es den besten gibt, ist eine heiß diskutierte Frage, aber so viel sei verraten: Es ist kein Zufall, dass sich Touristen und Einheimische, Geschäftsleute und Teenager in der Nähe des Gänsemännchenbrunnens dicht um die Winzerhütte drängen. Das Dorf in der Stadt ist nicht groß und die Auswahl weihnachtlich reduziert. Man schlendert vorbei an Kunsthandwerk und Süßigkeiten und findet sich auf dem Dorfanger wieder, der in anderen Zeiten des Jahres der Marktplatz ist. Der hohe Weihnachtsbaum wurde das erste Mal im Jahr 1815 vom Hofbuchhändler Hoffmann aufgestellt, der die Ärmeren mit dem Anblick eines öffentlichen Weihnachtsbaumes erfreuen wollte. Auch hier liegt der Duft von Glühwein und Gebratenem über dem Platz, eine Krippe mit geschnitzten Figuren erinnert an die Weihnachtsgeschichte, in einer etwas größeren Hütte gibt es Puppentheater und Musik. Und das Meissner Porzellanglockenspiel des Rathauses spielt jeden Nachmittag zur vollen Stunde ein Weihnachtslied. Die Vorweihnachtszeit mag für viele mit Stress und Hektik verbunden sein: Hier jedoch taucht man ein in eine romantische Besinnlichkeit.

- **Weihnachts- und Wintermarkt in der Innenstadt (Theaterplatz/Schillerstraße/Marktplatz), 99423 Weimar**
- **ÖPNV: alle Buslinien, Haltestelle Goetheplatz; Bus 1/2/5/6/8, Haltestelle Gropiusstraße**

Die
Bowle

Das Herz der Stadt

43 *Herzogin Anna Amalia Bibliothek*

Oben die Bronzefigur des Herzogs, darunter Hunderttausende von Büchern: Der Glanz Weimars zwischen Residenz und Kulturstadt ist nirgendwo spürbarer als hier. Anna Amalia war es, die den Umbau des Grünen Schlosses am Parkrand zu einem Büchersaal im Rokokostil veranlasste, um die bislang im Schloss untergebrachte Herzogliche Bibliothek aufzunehmen, die damit eine der ersten öffentlich zugänglichen Fürstenbibliotheken in Deutschland wurde. Mit zuerst nur 500 Bänden gegründet, war der Buchbestand unter dem Direktorat des fast 50-jährigen Goethe auf 80.000 Bände angewachsen und erhöhte sich in den Jahrzehnten danach stetig weiter. Außenmagazine wurden an verschiedenen Orten der Stadt eingerichtet, was nicht nur die kurzfristige Ausleihe erschwerte, sondern auch dem Zustand der teils wertvollen Bücher mit Sammlungsschwerpunkt Weimarer Klassik nicht guttat. So wurde Anfang der 2000er-Jahre ein Bibliotheksneubau in die Räume des gegenüberliegenden Gelben Schlosses eingegliedert und um einen modernen Bücherkubus ergänzt. Und vor allem um ein zweigeschossiges Tiefmagazin, das die beiden Gebäude verbindet: Wer nun über das schwarze Basaltpflaster geht, von einem Schlossbau zum anderen, vorbei am bronzenen Reiter, bewegt sich über einen Buchbestand von etwa 1 Million Bänden. Hier, unsichtbar und mehrere Meter unter dem Platz, ruht das Herz der Stadt, und man spürt es schlagen, wenn man durch die großen Glastüren den Neubau betritt. Vorbei an Regalen und Wänden aus warmem Holz und rauem Beton findet man sich im modernen Saal des mächtigen Kubus wieder. Die Magie der Bücherwände über mehrere Ebenen erstreckt sich hier, man spürt sich umgeben vom Reichtum des Wissens, ein stilles Wispern geht von Buchrücken aus, man senkt die Stimme fast demutsvoll in dem majestätischen Raum. Gelegentlich finden hier Lesungen, Vorträge und kleine Konzerte statt, doch gerade die Leere ist es, die den Geist größer und freier werden lässt. Was mehr kann man sich von einem Bibliotheksbau wünschen!

TIPP Die Buchstaben C.D.S.D.S.L.H.H. an der Nordseite sind die Initialen der Witwe des Bibliotheksgründers.

Herzogin Anna Amalia Bibliothek, Platz der Demokratie 1, 99423 Weimar

ÖPNV: Bus 1/5/6/8, Haltestelle Wielandplatz

Kultur mit Tiefgang

44 *Im Verborgenen der Parkhöhle*

Lieblich leuchtet das Grün der Parkbäume, sanft mäandert der Fluss durch die von Blumen übersäten Wiesen. Doch die Erde darunter ist dunkel. Was sich in ihr verbirgt, kann man entdecken, wenn man sich auf die Reise hinab in die Parkhöhlen begibt. Unscheinbar ist der Eingang am Liszt-Haus mit dem rohen Metallgitter zwischen kahlen Betonwänden, es führen 73 graue Stufen hinab. An deren Ende wird man von einer wechselvollen Geschichte mit faszinierenden Geschichten erwartet. Denn das weitverzweigte Stollensystem unter den Parkwiesen ist mehr als nur eine geologische Formation. Was hier in der Dunkelheit und einer gleichmäßigen Kühle liegt, fügt dem Bild der Stadt eine weitere und weniger offensichtliche Facette hinzu. Angelegt wurden die unterirdischen Gänge am Ende des 18. Jahrhunderts zunächst auf Wunsch des Herzogs Carl August, der hier zur Ausstattung seiner ausschweifenden Feste ein eigenes Bier brauen und lagern lassen wollte. Das Vorhaben wurde zwar fallengelassen, doch wurden an der Höhlendecke zahlreiche und noch heute sichtbare Versteinerungen fossiler Pflanzen und Tiere sowie Hinweise auf einen vorzeitlichen See entdeckt. Bei der Erweiterung der Gänge – durch den Abbau von Kies und Travertin als Baumaterial für die wachsende Stadt – wurden weitere Fossilien gefunden, die Goethes Forscherdrang weckten und zum Grundstock seiner Sammlung wurden. Das sich durch diese Baumaßnahmen immer weiter verzweigende Tunnelsystem wurde von den romantischen Hofgesellschaften gerne als Wandelgang benutzt, der auch heute noch seinen Ausgang an der Felsengrotte des Nadelöhrs am Ilmufer hat. Weniger romantisch ist die temporäre Nutzung als Luftschutzbunker im Zweiten Weltkrieg, in den 1990er-Jahren wurde die Anlage wieder für die Öffentlichkeit nutzbar gemacht. All dies lässt sich heute in den unterirdischen Museumsräumen und vor allem bei einer Führung nachspüren. Wunderschön sind Weimars Parks und Gärten: Doch liegen intensive Erlebnisse nicht häufig auch im Verborgenen?

TIPP **Hin und wieder kann man an der Höhlendecke hängende Fledermäuse sehen.**

Parkhöhle (Eingang am Liszt-Haus), Marienstraße 17, 99423 Weimar
ÖPNV: Bus 1, Haltestelle Bauhaus-Universität

AN DER ILM

Wo Wünsche wahr werden

45 *Glücksversprechen im Café Wünsch Dir Was*

Wenn es doch so einfach wäre: Wenn die gute Fee tatsächlich vor uns stünde und verspräche, uns unsere Wünsche zu erfüllen, dann, ja dann wären wir endlich glücklich. Es gibt einen Ort, an dem es tatsächlich so einfach ist. Die gute Fee von Weimar heißt Natascha und erfüllt Wünsche. Zumindest die kulinarischen. Was wünschen wir uns? Sonnenschein, einen Tag im Süden, oder gar einen Schatz im Essen zu finden? Das alles ist hier im Café Wünsch Dir Was überhaupt kein Problem, denn genau das offeriert die abwechslungsreiche Frühstückskarte mit ihren individuellen Zusammenstellungen, die „Regenbogen", „Goldtopf" oder „Träumer" heißen. Und was dann vor uns steht, ist tatsächlich ein Genuss für die Augen, die Zunge und alle anderen Sinne. Wenn das kein Glück ist! Angesichts solcher Magie verwundert es nicht, dass dieses charmante Café in den Räumen einer ehemaligen Drogerie eingerichtet wurde. Passenderweise war diese im Besitz einer Familie namens Wünscher und eine Weimarer Institution. Die fast raumhohe Inneneinrichtung aus dunklem Holz wurde behutsam restauriert, in den Regalen über den originalen Apothekerschränken stehen allerdings statt Seifen und Salben jetzt Weinflaschen und Bücher. Gemütlich und individuell sind auch die Tische und Stühle: Statt an einheitlichen Restaurantstandards nimmt man hier auf unterschiedlichen, teils antik wirkenden Sitzmöbeln Platz, von denen einige einst im Foyer des Deutschen Nationaltheaters standen. Frische Blumen überall, Kerzenlicht und natürlich gehören neben den antiquarischen Büchern auch verschiedene Zeitungen und Zeitschriften zur Atmosphäre des Caféhauses.

Zauberhaft ist es hier, wie es sich für den Laden einer guten Fee gehört. Und wer es schafft, mit Magie oder alternativ einer Reservierung, den Platz an einem der kleinen Außentische zu ergattern, der wird mit Morgensonnenschein und einem Blick auf die Stadtkirche belohnt. Manchmal ist Glück tatsächlich so einfach!

Café Wünsch Dir Was, Kaufstraße 20, 99423 Weimar, Tel. (0 36 43) 4 43 74 17
www.cafe-wuensch-dir-was.de
ÖPNV: alle Buslinien, Haltestelle Goetheplatz

Brasilien

Im barocken Blumengarten

46 *Park Belvedere – die schöne Aussicht*

Opulent, ornamental und symmetrisch, so sind sie gestaltet, die barocken Gartenanlagen rund um das Schloss Belvedere, das südlich der Stadt in verspielter Rokoko-Manier als Jagdschloss für Großherzog Carl August errichtet wurde. Geht man vom Schloss über die Kieswege zu den Gartenanlagen, kommt man vorbei an den ehemaligen Herrenhäusern, in denen jetzt die Internatsräume des Musikgymnasiums untergebracht sind. In die Stimmen der Vögel in den hohen Kastanien mischen sich Koloratursoprane oder Klarinettenklänge, Bach'sche Kantaten oder Bratschenklänge. Fast ist das alles ein bisschen zu viel der Schönheit, wenn man durch die schmiedeeisernen Tore in die Orangerie tritt. Üppig und farbenfroh leuchten die Beete im Sommer, im lang gestreckten Gewächshaus überwintern tropische Palmen und Ziersträucher, Zypressen und Zedern. Aber der Höhepunkt dieses Lustgartens sind nicht die geradlinigen Wiesenflächen, nicht die zu geometrischen Formen beschnittenen Hecken oder die von Skulpturen gesäumten Springbrunnen. So reizvoll und berauschend all dies ist, befindet sich doch der heimliche Höhepunkt am südlichen Rand der Anlage. Dort steht, schon Teil der Umfassungsmauer, der Rote Turm. Um ihn zu erreichen, muss man die gesamte Orangerie durchschritten haben und mag schon einen gewissen Überdruss empfinden in diesem Überfluss von Formen, Farben und Düften. Doch dort am Roten Turm endet die barocke Anlage plötzlich und man erblickt die schlichte Landschaft des Weimarer Südens. Weit hinaus sieht man über die Getreidefelder und Wiesen auf die kleinen Ortschaften Oberweimar und Taubach, Baumreihen markieren den Flusslauf der Ilm, ein Kiesweg führt hinab zum Ilmradweg, auf dem man die Wanderer und Radfahrer erkennt. Noch voll von den intensiven Eindrücken des barocken Blumengartens atmet man hier ein wenig freier. Es ist der Gegensatz und das Miteinander, was diesen Ort so besonders macht.

TIPP

In den Konzerträumen des Musikgymnasiums finden regelmäßig Konzerte statt.

Park rund um Schloss Belvedere, 99425 Weimar
ÖPNV: Bus 1, Endhaltestelle Belvedere

47 *Glück und Genuss in der Windischenstraße*

Die Weimarer Fußgängerzone, benannt nach dem dort einst lebenden Dichter Friedrich Schiller, ist sicher eine der schönsten Deutschlands, mit ihren zum Teil klassizistischen Fassaden und den dichten Baumreihen. Die meisten der dort angesiedelten Geschäfte gehören zu Ketten, die dem Besucher auch aus anderen Städten bekannt sind. Wer jedoch bereit ist, sich auf eine Vielzahl kleiner charmanter Läden einzulassen, wer Lust darauf hat, zu stöbern und zu entdecken und sich überraschen zu lassen, der gehe nur wenige Schritte entfernt durch die kleine Windischenstraße. Abzweigend vom Markt findet man sich hier in einer romantischen Gasse wieder, die Häuser schlicht und behutsam restauriert, einige noch mit barocken Schmuckelementen, hin und wieder verweisen Schrifttafeln auf Weimarer Persönlichkeiten, die hier einst lebten, wie den ehemaligen Bürgermeister Bode oder Staatskanzler von Müller, einen Freund Goethes und des Großherzogs Carl August. Doch vor allem ist es die fast intime Enge zwischen all den kleinen Geschäften, in der man sich geborgen und begeistert zugleich fühlt. Ob filigraner Schmuck oder nachhaltige bunte Kinderbekleidung, handgemachtes Eis oder die älteste Pizzeria der Stadt, aromatische Teesorten oder aufregende Hutkreationen: Beinahe jedes Haus bietet eine Überraschung. So viel Reichtum findet man in keiner anderen Straße der Stadt. Ganz selten fährt ein Lieferfahrzeug durch, ab und an eine Kutsche oder ein Fahrrad. So kann man trotz der Vielfalt eine freundliche und inspirierende Ruhe genießen, ob beim Flanieren oder einem duftenden Kaffee im Straßencafé. Doch einmal im Jahr wird es richtig voll in der Windischenstraße: Beim sommerlichen Blauen Fest drängen sich Gaukler und Genießer, Schaulustige und Schausteller, Kinder und Künstler, Artisten und alle anderen. Man singt, redet, lacht miteinander und tanzt bis tief in die Nacht auf dem Pflaster der Gasse, bis es wieder still wird in Weimar und man mit einem Lächeln im Gesicht den Tag beendet.

Windischenstraße, 99423 Weimar
ÖPNV: alle Buslinien, Haltestelle Goetheplatz

Kunst
Fest
Weimar
№10
der-Schmuckler

Wiese mit Riese

48 *Die grüne Oase am Frauenplan*

Der Wortherkunft nach entspringt das Glück einem erfüllten Bedürfnis, einer geschlossenen Lücke. Dass aber auch eine offene Lücke ein glückvoller Ort sein kann, lässt sich auf dem Frauenplan erleben. Dieser schmale Straßenzug ist nach der einstigen Marienkapelle benannt, die am Tor zur südlichen Vorstadt stand; berühmt geworden ist er jedoch durch das gelb gestrichene Bürgerhaus, das Goethe kurz nach seiner Ankunft in Weimar vom Großherzog geschenkt bekam. Bis auf den ungefähr dreieckigen Platz direkt unter den Fenstern des Geheimrates, der heute von einem Bronzebrunnen mit den Initialen Carl Augusts geschmückt wird, war der Frauenplan einst dicht bebaut. Bis der Zweite Weltkrieg eine Lücke riss, die bis heute nicht geschlossen wurde. Zum Glück, möchte man sagen. Auch wenn es über die Jahre immer wieder Ideen gab, wie eine Neubebauung aussehen könnte, erinnert mittlerweile nur eine stählerne und dicht bewachsene Pergola an die einstige Bebauungskante. Unter drei hohen Pappeln ist eine wunderbare, einladende Oase entstanden in der baulich so dichten Innenstadt Weimars. Umgeben ist diese von einem einzigartigen reichen Angebot gastronomischer Einrichtungen, von der Altweimarischen Bierstube bis zum italienischen Café, vom Schokolädchen bis zum Thüringer Spezialitätenmarkt. Und bewacht wird der Ort von einem steinernen, halb im Boden versunkenen Riesen, einer Skulptur des Weimarer Künstlers Walter Sachs, der nicht nur Kinder zum Klettern einlädt. Auf der niedrigen Mauer sitzt man und schaut den Passanten nach, oder man legt sich auf die kurz geschnittene Wiese und lässt den Blick im Himmelblau versinken – so lässt sich wunderbar Energie für die nächsten Weimarer Sehenswürdigkeiten tanken. Das Picknick mit den Freunden unter den Bäumen, der Mittagscappuccino auf den Korbstühlen, während die Pferdekutschen die Gäste aufnehmen, später das letzte Abendbier am Brunnen: Jeder füllt diese Lücke mit seinen eigenen Bedürfnissen und Erlebnissen. Auch so kann Glück entstehen.

TIPP Einheimische behaupten, hier bei Fleischer Blässe gibt es die wirklich beste Bratwurst der Stadt.

Frauenplan, 99423 Weimar
ÖPNV: Bus 1/5/6/8, Haltestelle Wielandplatz

NSION AM GOETHEHAUS
OPTIK-ZOPFS
VERSILIA
PIZZA CUCINA GRILL
PIZZA
GOURMET
PASTA

49 *An der Bauhaus-Universität*

Man stelle sich vor, was damals war, und was gewesen wäre … und was hätte sein können. Nirgends in Weimar kann man das besser als hier. Nur etwa 5 Jahre bestand das Bauhaus in Weimar, dann wich es dem Druck der konservativen Bürgerschaft nach Dessau aus. Doch in diesem halben Jahrzehnt sorgten die Gründer, die Lehrmeister und vor allem die Studenten in dem gemütlichen Städtchen für einen Aufruhr, der in den historischen Gebäuden in der heutigen Geschwister-Scholl-Straße noch zu erahnen ist. Die gegenüberstehenden Gebäude, die heute die Hauptgebäude der Bauhaus-Uni darstellen und natürlich vor allem die Fakultät Architektur beherbergen, gehen auf Henry van de Velde zurück und wurden etwa 10 Jahre vor der Gründung des staatlichen Bauhauses als Großherzogliche Kunstschule und Kunstgewerbeschule errichtet. Aus dem Jugendstil kommend, ist die brave Ornamentik noch sichtbar. Aber ebenso sichtbar ist der Übergang zur Moderne: Von hier aus sollten neue Wege in der Kunst gegangen werden. Wie neu diese Wege waren, zeigen die späteren Gestaltungen der Treppenhäuser, die die Bauhaus-Meister veranlassten, Walter Gropius zum Beispiel, oder Oscar Schlemmer mit seinen kubischen Figurinen. So wie die Bauhäusler einst Visionen für die gerade gegründete Weimarer Republik, für ein neues modernes Leben entwickelten, so entwickeln auch die jetzigen Studenten der Bauhaus-Universität, die jungen Architekten und freien Künstler, ihre Visionen für das 21. Jahrhundert. Einmal im Jahr stellen sie diese in der summaery zum Ende des Sommersemesters aus. Es ist nur eines von vielen Festen in Weimar, die ihren Ursprung in der überschäumenden Kreativität der Studenten haben – so wie vor 100 Jahren, als junge Menschen mit atonal anmutender Musik und skurrilen Gewändern durch die konservative Kleinstadt zogen. Hier in den Hauptgebäuden der Bauhaus-Universität verbinden sich Vergangenheit, Gegenwart und Zukunft zu einer inspirierenden Idee.

TIPP

Vor dem Besuch unbedingt in das Neue Bauhaus-Museum gehen. Und danach ein Picknick im Park machen.

Bauhaus-Universität, Geschwister-Scholl-Straße 8, 99423 Weimar
www.uni-weimar.de
ÖPNV: Bus 1, Haltestelle Bauhaus-Universität

Vom Taumeln und Träumen

50 *Vielfältige Natur im Hengstbachtal*

Der Schmetterling ist ein besonderes Tier: Nachdem er einige Zeit als Raupenwesen dahinkroch, versteckt er sich in einem hellgrauen Mäntelchen. Dann öffnet er eines Tages seine farbenprächtigen Flügel, taumelnd tanzt er in der Sonne über Waldlichtungen und sandige Wege, wie trunken vor Glück über seine Verwandlung. Beginnt man seine Wanderung durch das knapp 3 Kilometer lange Hengstbachtal in Legefeld, dann wird man im Sommer schon bald von Dutzenden der zarten Lichttänzer begleitet. Über den üppigen wilden Wiesen schweben sie, setzen sich auf die Gräser oder an den Wegrand, als wollten sie den Wanderer verführen, dem Pfad weiter zu folgen. Und gerne nimmt man diese Einladung an. Wenn man das Hengstbachtal von Legefeld her entdeckt, übersieht man den kleinen Parkplatz an der Bundesstraße nach Bad Berka fast. Eine verwitterte Schautafel verweist sachlich auf die geologischen und ökologischen Eigenarten des Naturschutzgebietes Mittleres Ilmtal. Doch die wunderbarste Besonderheit ist die Vielfalt der Landschaft selbst. Im Frühling umhüllt das zarte Grün in allen Schattierungen die Bäume, im Herbst färben mannigfaltige Rot-, Gelb- und Brauntöne das Bild weich und warm. Am intensivsten ist der Genuss hier im Sommer, wenn die Wiesen voller Wildblumen mit betörendem Duft sind und die Schmetterlinge im Sonnenlicht taumeln. Je nach Witterung sprudelt der kleine Hengstbach, der ein Zufluss zur Ilm ist, und bietet viele Möglichkeiten, die wandermüden Füße zu kühlen, oder er ist fast ausgetrocknet und bildet mit den Wurzeln der alten Bäume malerische Strukturen. Wenn man nach 1 Stunde den kleinen Ort Hetschburg erreicht, wird man von der weiten Pferdekoppel des Hengstbachhofes empfangen. Noch ein kühles Getränk, eine deftige thüringische Speise im Gasthof Lindenbaum, bevor man sich wieder auf den Weg am Waldrand entlang macht. Auch ohne Verpuppung fühlt man sich beflügelt, ganz umgeben von der paradiesischen Natur, und ja, vielleicht auch ein klein wenig glückstrunken.

TIPP **Für eine Einkehr empfiehlt sich die Gaststätte Zum Lindenbaum (Im Dorfe 15, 99438 Hetschburg).**

Hengstbachtal, 99428 Weimar

ÖPNV: Regionalbahn ab Hauptbahnhof Weimar oder Berkaer Bahnhof, Haltestelle Legefeld oder Hetschburg

Besser als Heimkino

51 *Filmkultur im Lichthaus*

Wahre Filmliebhaber sind sich einig: Auch in Zeiten von Netflix und anderen Portalen hat das Kino seine Bedeutung nicht verloren. Und wer bei Kino mit hochgezogener Augenbraue an die großen Multiplexmaschinen denkt, aus denen der Popcorngeruch bis auf die Geschäftsstraße wabert, dem sei dringend ein Besuch im Lichthaus empfohlen. Wer erinnert sich nicht gerne an die gemütlichen Hinterhofkinos der Kindheit? Man betritt durch eine kleine Tür, die zwischen Büschen und Backsteinmauern fast versteckt ist, ein stillgelegtes Industriegebäude, findet sich an einem schlichten Tresen wieder, am dem die Eintrittskarten von einer Papierrolle abgerissen und verkauft werden. Meist steht Dirk Heinje selbst dahinter, der 2003 mit Sven Opel die Idee eines anspruchsvollen Programmkinos hier realisierte. Man setzt sich mit seinem Glas Wein oder Biolimonade oder betrachtet die aufgehängten Plakate, um kurz danach aufgerufen zu werden, einen der Säle zu betreten. Backstein auch hier, oder rohe Betonwände, das Gebäude zeigt seine über 100-jährige Geschichte als Straßenbahndepot. Die Bestuhlung wirkt lose zusammengesucht, weiche Sofas, Ohrensessel, ein paar alte Klappsitze. Die Lüftung rauscht leise aus den großen sichtbaren Rohren, dann hört man das einsetzende Rasseln des Filmprojektors. Spätestens jetzt ist man in eine andere Welt eingetaucht, und wenn man nach 1,5 oder 2 Stunden den Saal wieder verlässt, langsam, um nur nicht zu schnell wieder in den Alltag gestoßen zu werden, fragt man sich vielleicht, warum man nicht öfter mal ins Kino geht. Vielleicht, weil es so wenige wie das Lichthaus gibt: Zeitgenössische Filme, Festivals in Zusammenarbeit mit der Bauhaus-Universität, Reihen von Filmklassikern und Open-Air-Vorführungen im Sommer, ebenso Vorträge und Konzerte, all das im zurückhaltend sanierten Charme der stillgelegten Industrieanlage. Vom Innenhof aus hört man den Fluss rauschen. Es ist ein verzauberter Ort, wie man es auch betrachtet.

TIPP Regelmäßig gibt es Stummfilmvorführungen mit Livevertonung am Piano durch Weimarer Musiker.

Lichthaus Kino im Straßenbahndepot, Am Kirschberg 4, 99423 Weimar, Tel. (0 36 43) 4 78 89 93
www.lichthaus.info

ÖPNV: Bus 2/3/9, Haltestelle Friedensstraße/Atrium

Im Namen der Zwiebel

52 *Unterwegs auf Thüringens größtem Volksfest*

Der eine oder andere Weimarer verlässt gerne am zweiten Oktoberwochenende die Stadt. Doch für all die anderen und jährlich über 300.000 Besucher ist der Zwiebelmarkt ein fast kultiges Ereignis und der Höhepunkt des Jahres. Ein Fest, bei dem es längst nicht mehr nur um die Zwiebel geht, auch wenn schon im Vorfeld eine Zwiebelkönigin gekürt wird und etwa 100 Stände ihre Zwiebelspezialitäten und vor allem die beliebten Zwiebelzöpfe anbieten, von sehr klein bis meterlang. Doch es gibt noch so viel mehr zu sehen. Man geht oder wird geschoben, man schaut und überlegt, wem man noch versprochen hat, einen Zwiebelzopf mitzubringen, und man ist ganz mittendrin, ganz dabei, denn man kann sich nicht entziehen. Eine duftende, klingende Melange von herbstlichen Farben, von Stimmen und Musik, und von Aromen aller Art. Man kann das alles zu viel finden, zu kommerziell oder zu voll – aber man kann es auch genießen. Es geht eine überschäumende Lust von der Tatsache aus, dass die sonst so ruhigen Straßen der Innenstadt bis spät in die Nacht hinein belebt sind, dass sich Menschen aller Altersgruppen hier zusammenfinden. Jung und Alt, Einheimische und Touristen begegnen sich vor den Bierwagen oder am Glühweinausschank, an Imbissbuden oder Marktständen, man kommt wie selbstverständlich ins Gespräch und geht dann wieder seiner Wege, zufällig sich dem Treiben überlassend oder zielgerichtet zu einer der Bühnen. Denn mittlerweile sind diese fast die Hauptattraktion des Zwiebelmarktes. Vom Bänkelgesang zwischen mittelalterlichen Hütten bis zu den Stars der aktuellen Popmusik, dazwischen lokale Liedermacher und Swing Combos: Es ist ein üppiges Fest der Genüsse, nicht nur für Magen und Kehle, sondern auch für Ohren und Seele. Und das mitten im Zentrum der romantischen Klassikerstadt. Schon Goethe empfahl: „Dass die vegetabilischen Späße ihre gute Wirkung getan haben, freut uns recht sehr. Versäumen sie nur nicht, jährlich dergleichen bei uns von diesem Markte abzuholen."

TIPP Hinfahren und mittendrin sein! Die Übernachtung sollte man langfristig buchen.

Zwiebelmarkt Weimar, gesamte Innenstadt, 99423 Weimar
www.zwiebelmarkt.org
ÖPNV: alle Buslinien, Haltestelle Goetheplatz

8.-
8.-
SanLucar
SanLucar

Ein Kleinod im Nordkreis

53 *Die Thüringer Kloß-Welt in Heichelheim*

Spätestens seit dem Weimar-Tatort „Die robuste Roswita", in dem das Mordmotiv die Erfindung eines Kloßes mit Soß war, ist klar: Klöße sind in Thüringen mehr als nur Nahrungsmittel, sondern Gegenstand einer fast religiösen Begeisterung. Schon das macht den kleinen Ort Heichelheim zu einer Pilgerstätte für Genießer. Denn hier findet man die Thüringer Kloßwelt. Wenn man mit dem Auto kommt, übersieht man vielleicht den schlichten, fast industriell anmutenden Bau am Ortseingang beinahe. Aber das ist nicht schlimm, denn so entdeckt man einen charmanten dörflichen Ortskern mit bunten Häusern und gepflegten Grünanlagen, und man findet sich plötzlich auf einem Schotterweg, der zur Heichelheimer Mühle führt. Hier wurde nach Jahren des Ungenutztseins der LebensLernOrt geschaffen, der inmitten des dörflichen Idylls zwischen Feldern, Mühlteich und Tiergehegen unterschiedlichste Räume für Begegnungen und Projekte anbietet. Und wenn man dort lange genug die Ziegen gestreichelt, die Hühner gefüttert und die Ponys bewundert hat, dann findet man schnell den Weg zurück in die Kloßwelt. Von der Herkunft der Kartoffel und der Geschichte des Kloßes, über die Arbeitsschritte der Kloßherstellung bis zu den Erkenntnissen der Kloßforschung bleibt keine Frage um diese kulinarische Spezialität unbeantwortet. Und im angeschlossenen Werksverkauf kann man tiefgefrorene Klöße und vieles mehr für den Hausgenuss erwerben. Vielleicht betritt man das Gebäude mit einem zunächst skeptischen Lächeln. Doch man kann sich dem Reiz, der Vollkommenheit dieser Welt nicht entziehen, eine Welt, die sich sogar – in Form eines gigantischen Kloßmodells – bis ins Innerste betreten lässt. Und spätestens wenn man in den breiten Sesseln des Gastraums oder auf der Terrasse sitzt, vor sich einen Teller mit dampfenden hellgelben Klößen, umgeben von saftigem Gulasch, würzigem Rotkraut oder eben einfach nur in einem Bett von aromatischer Sauce, spätestens dann erfüllt ein tiefes genießerisches Seufzen die Seele.

TIPP Außer dem Kloßmuseum gibt es in dem Gebäude noch eine Ausstellung zur Geschichte des Speiseeises.

Thüringer Kloß-Welt, Hauptstraße 3, 99439 Heichelheim, Tel. (0 36 43) 4 41 22 23
www.thueringer-kloss-welt.de

ÖPNV: Bus 217 ab Busbahnhof oder Hauptbahnhof, Haltestelle Heichelheim

Genuss mit vielen Facetten

54 *Kultur und Köstlichkeiten im ACC*

Hohe alte Linden werfen ihre Schatten über rustikale Pflastersteine, auf denen Gartentische und -stühle stehen, einige mit bunten Kissen belegt. Auch auf der niedrigen Feldsteinmauer kann man sitzen, dahinter spielen Kinder auf der Wiese und in dem kleinen Sandkasten neben dem steinernen Raben. Es könnte ein ländliches Idyll sein, wäre da nicht das Stadtschloss und die schlichte helle Renaissancefassade des Hauses, hinter der schon Goethe einst wohnte. Ein Leuchtband über der Eingangstür erzählt einen berührenden Text, der Teil eines Kunstprojektes war. Der Raum dahinter umfängt uns warm: Tische und Stühle aus dunklem Holz, Kunst an den Wänden, freundliche junge Menschen servieren aromatische Getränke und köstliche Gerichte. Willkommen im ACC, dem Autonomen Cultur Centrum Weimars. Was zuerst nach subversiver Untergrundkultur klingt, hat sich seit seiner Gründung kurz nach der Wende etabliert als einer der spannendsten und vielseitigsten Orte für Ausstellungen, Lesungen, Konzerte, Diskussionen. So schlicht die Holztreppe hinter der schmalen Glastür auch wirkt: Die Galerie für zeitgenössische Kunst im Obergeschoss hat einen überregionalen Ruf, dem schon viele internationale Künstler gefolgt sind. Und der Ruf des Restaurants im Erdgeschoss ist mindestens ebenso gut, denn ob nun im gemütlichen Innenraum oder auf den Gartenstühlen der Terrasse: In einem wunderbar entspannten Ambiente trifft die Kunst auf anspruchsvolle Gastronomie. Die Mittagsgerichte beispielsweise sind einmalige Überraschungen, die Weine würzig und frisch, und alle Zutaten stammen aus ökologischer Herstellung. Hier begegnen sich aufgeschlossene Studenten und etablierte Wissenschaftler, junge Familien und introvertierte Intellektuelle. Wer herkommt, muss nichts beweisen, sondern möchte genießen, sich austauschen oder sich inspirieren lassen. Mitten im Zentrum und doch etwas versteckt gelegen, kann dieser Ort seinen eigenen Raum öffnen und seinen eigenen Zauber entfalten.

Autonomes Cultur Centrum e.V., Burgplatz 1, 99423 Weimar, Tel. (0 36 43) 85 11 61
www.acc-cafe.de
ÖPNV: Bus 1/5/6/8, Haltestelle Wielandplatz (500 Meter Fußweg)

Von freudvollen Fehlern

55 *Zu Besuch im Antiquariat Zwiebelfisch*

Es ist kein Geheimnis, dass der Ruhm der Stadt Weimar auf Literatur basiert, begründet von den Autoren, die hier lebten, den Druckereien, den Verlagen, bis hin zu den Bühnen, die die Texte aufführten. Auch wenn gleichzeitig die Kulturpessimisten den Niedergang des Buches beklagen, in einer Welt von Podcasts und Parolen, Streaming-Portalen und Smartphone-Apps. Nicht nur deshalb fühlt man sich in eine andere Zeit oder gar eine andere Welt versetzt, wenn man das Antiquariat Zwiebelfisch entdeckt. In einer kleinen Seitengasse unweit der Stadtkirche am Herderplatz und abseits der Touristenströme betreibt Thomas Mechold sein Geschäft. Es ist das letzte seiner Art in dieser Stadt, die einst so viele davon hatte, wie schon Goethe beschrieb. Der kleine Laden offenbart sich mit genau jener romantischen Anmutung, wie man sie von einem Antiquariat erwartet. Drei enge Räume, durch schmale Türen miteinander verbunden, bis zur Decke angefüllt mit Büchern und Zeitschriften, moderne antiquarische Ausgaben genauso wie nach Historie duftende Bände. Die Buchrücken schauen sich an und lächeln verschwörerisch, wenn ein neugieriger Besucher zwischen sie tritt. Man muss sich Zeit nehmen und die Stimmung in sich aufnehmen, den Duft der alten Einbände historischer Romane, die sepiagetönten Illustrationen und verblichenen Umschläge altmodischer Fachbücher, die heute statt nüchterner Fakten wundervolle Geschichten erzählen. Thomas Mechold gibt gerne Auskunft über seine Bestände, bibliophile Besonderheiten und außergewöhnliche Auflagen. Das Wort „Zwiebelfisch“ bezeichnet einen versehentlich falsch gesetzten Buchstaben, der in Stil, Größe oder Aussehen in einem Wort auffällt. Ein Fehler, zumeist: oder aber eine Besonderheit. Der lange Atem der Geschichte ist in den Geschichten zwischen Buchdeckeln spürbar. Wenn man sich darauf einlässt, genau hinschaut und etwas Glück hat, dann findet man hier seinen persönlichen Zwiebelfisch: Das, was aus dem Gewöhnlichen heraus den Moment besonders macht.

Antiquariat Zwiebelfisch, Teichgasse 12a, 99423 Weimar, Tel. (0 36 43) 7 79 92 78

ÖPNV: alle Buslinien, Haltestelle Goetheplatz

Auf historischem Pflaster

56 *Die Geschichten der romantischen Seifengasse*

Natürlich ist ein mittelalterliches Kopfsteinpflaster weniger gut geeignet für hohe Absätze – aber wer würde diese nur wenige 100 Meter lange Gasse schon mit Eile durchmessen? Quasi unter jedem Stein steckt eine Geschichte, manche sind offensichtlich, manche verborgener. Und außerdem ist sie einfach schön, die Seifengasse, mit den rauen, bewachsenen Sandsteinmauern auf der einen Seite und auf der anderen mit den geduckten Wohnhäusern, zwischen denen sich gelegentlich der Blick in einen üppig bewachsenen Innenhof oder zum Park öffnet.

Noch zu Goethes Zeit stellte dieser Straßenzug den Abschluss der Stadt zum Parkbereich dar, noch bis in das 20. Jahrhundert hinein lebten hier die namengebenden Seifensieder der Stadt Weimar. Am Frauenplan zweigt sie ab, neben dem Hotel Zum Weißen Schwan, in dem Schiller einst abstieg, um Goethe das erste Mal zu besuchen, neben dem Wohnhaus Goethes, von wo aus dieser, verborgen in seinen langen dunklen Mantel, im Schutz der Dunkelheit zu seiner geliebten Charlotte von Stein schlich, deren Haus am anderen Ende der Seifengasse gelegen ist, gegenüber der altehrwürdigen Bibliothek am Parkrand. Geschichten wie diese liegen unter den Steinen, so wie auch die Schritte der Weimarer Architekten, denen in den 1980er-Jahren das Privileg zuteil wurde, sich hier ihre individuellen Einfamilienhäuser in den Baulücken zu realisieren. Vorbei am Oppel'schen Garten führt der Pflasterweg, einst barocke Gartenarchitektur in Weimar, erhalten ist ein Pavillon, der sich ganz unklassizistisch mit verspielten Rokoko-Elementen schmückt. Und dann ist da die Weimarer Mal- und Zeichenschule, eine der ältesten Kunstschulen ihrer Art in Deutschland, gegründet im 18. Jahrhundert. Heute lehren dort zahlreiche namhafte Künstler der Gegenwart. Das Eintreten lohnt nicht nur allein wegen der im Haus ausgestellten Kunstwerke von Groß und Klein. Geschichten verbergen sich unter jedem der runden Steine dieser Gasse. Wenn man langsam geht, hört man sie flüstern.

TIPP

Das Sommerrestaurant Giardino bietet italienische Genüsse im romantischen Garten.

Seifengasse, 99423 Weimar
ÖPNV: Bus 1/5/6/8, Haltestelle Wielandplatz

Beglückende Bescheidenheit

57 *Orgelmusik in der Dorfkirche Denstedt*

Man kann die kleine Ortslage Denstedt im Schatten ihrer berühmten Nachbarn wie Weimar oder auch Tiefurt und Kromsdorf leicht übersehen. Fast unberührt liegt sie am Ilmradweg östlich der Stadt, weithin sichtbar ist der schlichte Turm der ursprünglichen Wasserburg, die einst den Übergang über die Ilm sicherte. Noch bis in das 19. Jahrhundert hinein war hier ein Rittergutsdorf mit zwei Gütern und nur drei Bauern, und auf besondere Weise hat sich diese Schlichtheit bis heute erhalten. Wer den Ort entdeckt hat, möchte unwillkürlich langsamer gehen und leiser sprechen, um die Stille nicht zu stören. Diese spürbare Entschleunigung genoss – wie könnte es anders sein – auch schon Goethe auf seinen Ausflügen in das Weimarer Land. Doch Ende des 19. Jahrhunderts bekam Denstedt einen künstlerischen Aufschwung, der bis heute anhält und fast schon kein Geheimtipp mehr ist. Niemand Geringeres als Franz Liszt entdeckte die Orgel der kleinen Dorfkirche für sich. Gemeinsam mit seinem Kantor Gottschalg führte er hier seine „Orgelconferencen" durch, die weithin berühmt waren. Nach Liszts Weggang wurde es wieder stiller im Ort, doch es ist das Verdienst des Weimarer Komponisten und Musikers Michael von Hintzenstern, die Lisztorgel wiederentdeckt und mit den regelmäßigen „Denstedter Orgelmusiken" zum Klingen gebracht zu haben. Heute liegt die Kirche fast versteckt am Rand der Straße, geduckt unter mächtigen Kastanien, doch im Inneren erscheint das Gebäude hell und freundlich. Gerade zu den weihnachtlichen Orgelmusiken finden sich häufig mehr Menschen ein, als der Bau zu fassen vermag. Klassische ebenso wie zeitgenössische Kompositionen werden hier aufgeführt. Und wenn der Organist seine Finger kurz über einer der flackernden Kerzen wärmt und dann die Klänge der restaurierten Orgel den Raum erfüllen, leidenschaftlich tosend und gleichzeitig klar und transparent, dann spürt man, dass gerade in der Schlichtheit dieses Ortes etwas die Seele Berührendes entsteht.

TIPP Im 1,5 Kilometer entfernten Schlossrestaurant Kromsdorf kann man den Besuch ausklingen lassen.

Dorfkirche Denstedt, Karl-Marx-Straße 55, 99441 Kromsdorf
www.lisztorgel.de

ÖPNV: Bus 228 ab Busbahnhof oder Hauptbahnhof, Haltestelle Denstedt (Burg)

Stimmungsvoller Auftakt

58 *Ein Ruhepunkt am Eingang des Ilmparks*

Jede Oper hat ihre Ouvertüre, ein Roman hat seinen Prolog, ein Film den Vorspann. Der Park an der Ilm hat etwas durchaus Vergleichbares. Von der Stadt kommend, kann man die Grünanlage an verschiedenen Stellen betreten: von der Ackerwand her, mit der Anna Amalia Bibliothek im Rücken, am Schloss über die Sternbrücke, oder auch von Süden her, über die stählerne Schaukelbrücke. Doch kein Zugang ist so wunderschön, keine Ouvertüre so prächtig und abwechslungsreich wie der Weg vom Liszt-Haus her. Eben noch entdeckte man den Campus der Bauhaus-Universität, kreuzte man die befahrene Marienstraße, vorbei an den beiden identischen Torhäusern, die den Ausgang der Innenstadt zur südlichen Stadterweiterung markieren. Und dann sind es nur wenige Schritte. Man geht am rosenbewachsenen Spalier vorbei, das üppige Blumenrondell duftet und leuchtet, nach rechts öffnet sich die weite Parkwiese, und dort, im Schatten unter ausladenden Büschen stehen steinerne Bänke um einen runden Steintisch. Es ist eine Einladung, am Eingang zum Park noch ein wenig zu verweilen.

TIPP Zutaten für ein eigenes Picknick bekommt man am nur etwa 300 Meter entfernten Wielandplatz.

Man betritt eine andere Welt und möchte dem Klang dieser Eröffnung noch ein wenig lauschen. An den kühlen Stein gelehnt, dessen raue Oberfläche die Geschichten der Jahrhunderte erzählt, ist man ganz umgeben vom munteren Vogelgezwitscher um das aufgestellte Futterhaus, ist berauscht von der Vielfalt der Grüntöne. Das Rauschen der Autos ist hinter dem Vorhang verschwunden, der sich gehoben hat, um uns aufzunehmen in das Schauspiel der Natur.

Am Wochenende kann es leicht passieren, dass der Ort schon besetzt ist: Familien der nahen Südvorstadt treffen sich hier zum Brunch oder Abendpicknick. Dann ist die steinerne Platte voll mit Salaten, Obst und Weinflaschen, die Kinder klettern in den dicht verzweigten niedrigen Bäumen oder rennen über die Wiesen. Selbst wenn man nur vorübergeht, mit leisem Bedauern vielleicht, nicht Teil der Gesellschaft zu sein, scheint das Leben leichter und das Lächeln im Herzen tiefer.

Park an der Ilm (Eingang am Liszt-Haus), Marienstraße 17, 99423 Weimar

ÖPNV: Bus 1, Haltestelle Bauhaus-Universität

Sommerliche Hochkultur

59 *Internationale Gäste beim Kunstfest Weimar*

Wie kann man über etwas schreiben, das jedes Mal neu, jedes Mal anders, jedes Mal überraschend ist? Das sich über 30 Jahre stetig weiter entwickelt und dabei die Grenzen von Traditionen und Erwartungen erweitert? Denn genau das macht das Wesen des Weimarer Kunstfestes aus: das Suchen, das Versuchen und auch, den Besucher in Versuchung zu führen. Mehr noch: Die Gäste mit der Vielzahl der Aufführungen zu verführen, das Vertraute neu zu sehen oder das Unbekannte zu entdecken. Im Jahr nach der Wende wurde das Kunstfest gegründet und präsentiert seitdem als größtes Kulturfestival Thüringens eine Vielzahl spartenübergreifender Projekte. Von Tanz bis Theater, Musik und Film reichen die sommerlichen Aufführungen, von spontanen Straßenperformances bis zu multimedialen Installationen. Über die Jahre veränderte sich mit den wechselnden Intendanten und Intendantinnen der Fokus, renommierte Kulturgrößen wie Nike Wagner oder Bernd Kauffmann brachten ihre eigenen Intentionen ein. So ist das Angebot in all seiner Breite immer wieder überraschend und auf unterschiedlichste Weise inspirierend. Bekannte internationale Produktionen werden ergänzt durch eigens für Weimar entwickelte Projekte, vor dem Hintergrund der reichhaltigen und wechselvollen Geschichte dieser Stadt. Durch die zeitgemäße Reflexion dieser Geschichte ist die Stadt Weimar damit nicht nur Bühne und Kulisse, sondern zentraler künstlerischer Akteur. Das ist es, was das Kunstfest über die Vielzahl der künstlerischen Projekte und Aufführungen hinaus zu einem berauschenden Höhepunkt der Stadtkultur macht: Überall ist Kunst, die Galerien, Theater und andere Orte öffnen sich, die Häuser tanzen, die Straßen singen und die Luft lächelt. Es ist neben der Hochkultur ein Fest für die ganze Stadt. „Wer vieles bringt, wird manchem etwas bringen", dichtete Goethe einst. Dass in dieser Dichte auch bei zeitgenössischer Kunst ein inspirierender Genuss liegt, beweist das Kunstfest alljährlich.

TIPP

Auch der idyllische Künstlergarten am Theaterplatz wird in den Sommermonaten vom Kunstfest bespielt.

Kunstfest Weimar, an verschiedenen Orten, 99423 Weimar
www.kunstfest-weimar.de
ÖPNV: alle Buslinien, Haltestelle Goetheplatz

Der Blick von oben

60 *Hochschule für Musik in der ehemaligen Kaserne*

Malerisch liegt dieses Weimar da, eine kleine Stadt in einem Park dort in der Senke, umgeben von sanften Hügeln im Norden und Süden, durchzogen von einem kleinen Fluss, ein halbes Dutzend Kirchtürme ragt über die meist niedrigen Häuserdächer. All das sieht man gut, wenn man am Rand der Innenstadt auf einer der Anhöhen steht. Es gibt kaum einen schöneren Ort, kaum einen besseren Blick auf das Städtchen als vom Balkon der Streichhan-Kaserne. Der Bau selbst hat eine wechselvolle Geschichte: Erbaut als Großherzogliche Kaserne im 19. Jahrhundert, nach dem Zweiten Weltkrieg waren noch bis 1992 hier russische Soldaten stationiert, in den 2000er-Jahren wurde sie umgebaut und wird seitdem durch die Hochschule für Musik genutzt. Statt militärischem Gleichschritt sind an stillen Abenden Synkopen und swingende Rhythmen zu hören: Das Institut für Jazz, das zu einem der renommiertesten Deutschlands gehört, hat hier seinen Sitz. Dafür wurde das neogotische Gebäude behutsam unter ästhetischen und akustischen Gesichtspunkten architektonisch modernisiert. Und wenn man den Weg zum Balkon über der Stadt sucht, hinter dem Stadtschloss die Leibnizallee hinauf zu dieser Akropolis von Weimar, dann sieht man vielleicht junge Menschen mit ihren Instrumenten und hört die Musik aus den Übungs- und Konzerträumen. Und dann sitzt man auf einer der steinernen Bänke oder direkt auf der breiten Balustrade und schaut über die Stadt. Die Dachfenster glitzern im Sonnenlicht, die Türme von Schloss und Stadtkirche werfen ihre Schatten darüber, und man ahnt das Leben in den Gassen dazwischen. Gleich wird man darin eintauchen und die Stadt entdecken, oder man erinnert sich beim Abreisen mit diesem letzten Blick an die Erlebnisse des Aufenthalts hier. Für einen ersten oder letzten Moment liegt einem die Stadt in all ihrer Schönheit zu Füßen und bittet flüsternd darum, ganz eingenommen zu werden.

TIPP **Regelmäßig finden hier Studierenden- und Dozenten-Konzerte des Jazz-Instituts statt, meist kostenlos.**

Hochschulzentrum Am Horn, Hochschule für Musik, Carl-Alexander-Platz 1, 99425 Weimar
ÖPNV: Bus 2/9, Haltestelle Hellerweg

Mittendrin und bei sich

61 *Das Keramikatelier Keraminka*

Zu den vielen schönen Aspekten der Stadt Weimar gehört die Innenstadt, die in stilistisch geschlossener Erscheinung den Besucher ganz in sich aufnimmt. Umso berührender sind die kleinen Oasen, die sich manchmal hinter Toren und Türen öffnen, Orte, die eine unangestrengte Eigenheit entfalten, in denen man mittendrin und doch ganz bei sich sein kann. Ein solcher Ort ist das Keramikatelier von Ute Raabe. Keraminka nannte sie ihr Geschäft, als sie sich im Herzen Weimars selbstständig machte, was nicht zuletzt mit ihrer Vorliebe für Tiermotive zu tun hat. Sie fühlt sich wohl bei dem, was sie tut, sagt die junge Frau von sich, und diese Ruhe, diese glückvolle Selbstverständlichkeit spürt man schon beim Betreten des kleinen Ladens, der Ausstellungs- und Verkaufsraum und Werkstatt in einem ist. Einst aus der Beschränkung entstanden, fordert und fördert er jetzt genau die Disziplin und Fokussierung, die man den hier angebotenen Stücken ansieht. Ute Raabe erzählt gerne über ihr Tun und über die Techniken, mit denen sie ihre keramischen Arbeiten herstellt. Denn diese Keramik bietet vielfältige Möglichkeiten: Zum einen sind es die Formen, die häufig von der Nutzung bestimmt sind, zum anderen ermöglichen Oberflächengestaltung und Bemalung eine Differenzierung, in der man doch immer wieder die klare und gleichzeitig poetische Sprache der Künstlerin spürt. Waren es anfangs eher Fayencen, also bemalte Objekte, deren klare Formen den zarten bildlichen Motiven eine Leinwand gaben, sind es mittlerweile auch zunehmend Reliefs, die Ute Raabe mit aufwendig hergestellten tönernen Stempeln herstellt. Jedes Stück in ihrem Laden ist ein Unikat, und gleichzeitig sprechen sie eine gemeinsame Sprache. Es ist eine eigene Welt, aus der man gern die eine oder andere Tasse oder Vase herausnimmt und ihr seinen persönlichen Rahmen gibt: Gebrauchsgegenstände, die in ihrer schlichten Schönheit die Seele berühren, und die beim Morgenkaffee die schönen Erinnerungen an die Weimarer Innenstadt wecken.

TIPP Den Besuch hier kann man gut mit einem Blick zu den benachbarten Zwillingsnadeln verbinden.

Keraminka Atelier Ute Raabe, Windischenstraße 29, 99423 Weimar
ÖPNV: alle Buslinien, Haltestelle Goetheplatz

Auf den zweiten Blick

62 *Historie und Moderne im kleinen Mellingen*

Man neigt leicht dazu, diesen Ort zu unterschätzen. Unscheinbar duckt sich Mellingen in den Weimarer Landkreis hinein, vielleicht hat man bei der Anreise den Autohof an der Autobahnabfahrt wahrgenommen, oder die Industrieanlagen am Ortsrand, die Bundesstraße nach Weimar führt hier mittendurch. Doch Mellingen ist mehr als ein Vorort von Weimar. Welch eine Überraschung lässt sich erleben, wenn man sich darauf einlässt – wie sich so oft das Besondere ja erst auf den zweiten Blick erschließt. Am reizvollsten nähert man sich dem Ort mit dem Fahrrad. Der Ilmradweg aus Weimar führt die Flussauen entlang an den Feldern vorbei, es duftet je nach Jahreszeit nach Raps, Heu oder feuchter Erde, nach einigen Kilometern schon erreicht man den Ortseingang und kann dort im gemütlichen Café Drahtesel ein erfrischendes Getränk nehmen. Dabei sieht man vielleicht Kinder von der nahen Pferdekoppel vorbeireiten, oder der Kater des Hofes streicht um die Stuhlbeine. Bis zum Ortskern sind es nur wenige 100 Meter. Gepflegte Häuschen umstehen den Dorfanger mit seinen alten Bäumen, der Fluss plätschert nicht weit, das Leben wirkt ruhig und friedlich. Die Hauptstraße muss man kreuzen und 50 Stufen hinaufsteigen, um zur barocken Kirche St. Georg zu gelangen. „Es gibt Kirchen in gottverlassenen Nestern, die mit das Mystischste sind, was ich von sogenannten Kulturmenschen kenne", schrieb Lyonel Feininger bei einem seiner Besuche hier, die auch er zumeist mit dem Fahrrad unternahm, und ließ sich hier zu einem seiner berühmten Gemälde inspirieren. Weit geht der Blick ins Land, über die Baumkronen und niedrigen Häuser, und der gepflegte Kirchhof atmet die Ruhe und Friedlichkeit, die wir schon im alten Ortskern und entlang des Flusses gespürt haben. Das Herz wird leichter hier, abseits der belebten Straßen und der touristischen Brennpunkte. Manchmal preist sich das Schöne nicht an, sondern will in all seiner schlichten Stille entdeckt werden.

TIPP

Der stählerne Feininger-Turm an der Autobahn ist eine moderne Interpretation eines Feininger-Gemäldes.

Ort Mellingen, 99441 Mellingen
Kirche St. Georg, Kirchgasse 63, 99441 Mellingen
ÖPNV: Bus 229 ab Busbahnhof oder Hauptbahnhof (Richtung Blankenhain), Haltestelle Mellingen, Burgkeller

Im Herzen der Stadt

63 *Entdeckungen rund um den Herderplatz*

Es ist vor allem die Schlichtheit dieses Platzes, die berührt und die Seele öffnet. Man betritt ihn aus den charmanten Gassen der Innenstadt, ist vielleicht auf der Suche nach einer weiteren Sehenswürdigkeit, doch unwillkürlich wird der Schritt langsamer. Selten in Weimar findet man so viel unverstellten Raum, so viel Himmel über sich, so viel Licht. Und das an einem Ort mit wechselvoller Geschichte. Zunächst befand sich hier zu Füßen der Stadtkirche der städtische Friedhof; nachdem dieser an die Jakobskirche verlegt wurde, entstand an dieser Stelle der erste Marktplatz. Natürlich wohnte auch Goethe in einem der Gasthäuser hier, in der majestätischen Kirche predigte Herder und vollendete Lucas Cranach der Jüngere den Altar, den sein Vater entwarf. Direkt nebenan wurde 2013 das Herderzentrum eingeweiht, eines der wenigen modernen Bauwerke, das sich selbstbewusst und doch harmonisch in das Ensemble des Platzes einfügt. Auf der anderen Seite des Platzes warten weitere Entdeckungen: Wer weiß schon, wie fruchtig eine frische Rote Bete schmecken kann, was Pastinaken und Petersilienwurzeln unterscheidet, oder dass Snacks wie Schokoriegel ohne künstliche Inhaltsstoffe auskommen können. Der Bioladen Rosmarin und die angeschlossene Suppenbar Estragon gehörten zu den ersten Läden ihrer Art in Weimar und bieten hier in zentraler Lage regionale Biolebensmittel an, darüber hinaus internationale Spezialitäten an der Käsetheke, an der man gern auch mal probieren kann, und ausgesuchte Weine. Und dann sind da noch die Suppen! Ob vegan, vegetarisch oder mit Fleisch: Jede einzelne ist ein Genuss, wenn man sich vom freundlichen Personal beraten ließ und mit Blick auf die Kirche an einem der Holztische Platz genommen hat.

TIPP Die Bäckerei Rose am östlichen Platzrand ist berühmt für ihre Kuchen und die Vielfalt an Brötchen.

Und dann tritt man hinaus, vielleicht noch mit einem knackigen Apfel in der Tasche, und man schaut und schlendert und vergisst womöglich, was noch auf dem Tagesplan stand, denn hier, mitten in der Stadt, atmet die Seele für einen Moment freier und offener.

Herderplatz, 99423 Weimar
Bioladen Rosmarin, Herderplatz 3, 99423 Weimar, www.bioweimar.de
ÖPNV: alle Buslinien, Haltestelle Goetheplatz

SUPPENBAR
ESTRAGON
Täglich frische
Suppen & Salate
ALLES BIO
& hausgemacht.

64 *Zusammenkommen in der Other Music Academy*

Es ist natürlich schwer, dem Wortspiel zu widerstehen: Denn so, wie auch die Großmutter alle Familienmitglieder um sich vereint, jedem ein warmes Wort, liebevolle Aufmerksamkeit und natürlich die leckersten Plätzchen gibt, so bringt auch die OMA (im vollen Wortlaut: Other Music Academy) die verschiedensten Menschen und Projekte zusammen. Nebenbei betreibt der Verein noch ein Café, das abseits des innerstädtischen Touristenbetriebes mit dunklen Holzböden und gemütlichen Sesseln genauso charmant und einladend ist, wie man sich Omas gute Stube vorstellt. Nur, dass eben diese Weimarer OMA so gar nichts Altertümliches hat, sondern modern und aktuell ist. Betrieben von überwiegend jungen enthusiastischen Menschen bietet das Café einen Ort nicht nur für kleine Speisen und selbst gebackenen Kuchen, sondern vor allem für regelmäßige Ausstellungen und Konzerte, Lesungen und Diskussionen. Auch Kabarett und eigene Theaterproduktionen kann man dort sehen. Dabei ist es Hauptanliegen aller Aktivitäten der OMA, Fragen zum Zusammenleben unterschiedlicher Persönlichkeiten und Kulturen vielleicht nicht beantworten zu können, aber sie in offener und vielfältiger Weise darzustellen – und das mit viel Lust und Freude! Der Höhepunkt des Jahres ist der Yiddish Summer, das größte jiddische Festival Europas. Für 3 Wochen im Sommer kommen Besucher aus der ganzen Welt nach Weimar, um mehr über die jiddische Kultur zu lernen, sich auszutauschen und auch, um Musik zu machen. Denn nach den Workshops finden sich an den Abenden die Musiker, Sänger und Tänzer auf den Straßen und Plätzen der Stadt zusammen, um verabredet oder improvisiert das Glück und den Schmerz und das Leben zu feiern. Hier ist – wie in dem bunten, offenen Haus in der nördlichen Innenstadt – jeder willkommen, jeder ist eingeladen zu genießen, vielleicht mitzuspielen oder zu tanzen, allein oder in der Gemeinschaft. Das hat OMA eben doch mit Oma gemeinsam: Es ist ein wohltuendes Gefühl des Aufgehobenseins, dort zu Gast zu sein.

Other Music Academy, Ernst-Kohl-Straße 23, 99423 Weimar, Tel. (0 36 43) 85 83 10
www.othermusicacademy.eu
ÖPNV: Bus 2/7/9, Haltestelle Pabststraße oder Hauptbahnhof

Tell me a STORY

Idee des Gesamtkunstwerks

65 *Das Haus Hohe Pappeln*

Vielleicht steht im Zentrum jeder großen Entwicklung immer der inspirierende Funke, der von einer besonderen Person ausgeht. Die Weimarer Klassik ist ohne Goethe nicht vorstellbar, das Silberne Zeitalter hatte Franz Liszt als Mittelpunkt. Und so begann auch die dritte bedeutsame kulturelle Epoche Weimars, die Gründung des Bauhaus und der Aufbruch in die Moderne damit, dass der belgische Architekt Henry van de Velde nach Weimar berufen wurde. Mit dem Neubau am südlichen Stadtrand, damals unter den mächtigen Pappeln gelegen, schuf er sich hier ein Zuhause, das fernab der Stadt und dem Hof vor allem seinen Kindern ein Aufwachsen inmitten der Natur ermöglichte. Man mag den Trotz des Künstlers gegenüber den konservativen Vorurteilen des Weimarer Bürgertums spüren angesichts des tiefgezogenen Daches, das dem Haus einen fast burgartigen Charakter verleiht. Doch schon beim ersten Betreten spürt man die Kraft des Übergangs vom Jugendstil zur Moderne, spürt man die Verbindung von Handwerk und Kunst, die zeitlebens das große Anliegen van de Veldes war. Die Anordnung der Zimmer im Haus bezieht den Stand der Sonne mit ein und folgt einem organischen funktionalen Zusammenhang, der sich auch in der Gestaltung der Gartenbereiche harmonisch fortsetzt. Alles trägt hier die Handschrift des Künstlers, Ornamente sind kein Zierrat, sondern orientieren sich an einer ästhetischen Zweckmäßigkeit. Mit seiner Idee eines Gesamtkunstwerkes, das Architektur und Raumausstattung bis hin zu den Gemälden und Wandbespannungen verbindet, bereitete van de Velde der Bauhaus-Idee den Weg, auch wenn er 1917 die Stadt kriegsbedingt als Ausländer verlassen musste. Vielfältig ist das, was heute den Ruhm Weimars über die Stadtgrenzen hinaus ausmacht. Man kommt hierher, man schaut und genießt. Doch manchmal nimmt einen der Atem der Geschichte, die Magie der Anfänge und Übergänge ganz ein. So, wie man es im Haus Hohe Pappeln spüren kann.

Haus Hohe Pappeln, Belvederer Allee 58, 99425 Weimar, Tel. (0 36 43) 54 54 00
ÖPNV: Bus 1, Haltestelle Papiergraben

Mehr als Ahornsirup

66 *Ein Stück Kanada im Maple Bistro*

Da ist zunächst der Ort: Am Wielandplatz scheiden sich die Geister der Stadt. Nur einen Steinwurf vom Goethehaus entfernt, in unmittelbarer Nähe zur Bauhaus-Uni, ist der Platz einer der sozialen Begegnungsorte. Hier sitzen Studenten und junge Touristen bis spät am Abend zusammen, Gespräche und Musik hallen dann von den klassizistischen Fassaden wider. Doch genau das ist Anwohnern und anderen ein Dorn im Auge, und dass gelegentlich Verpackungen und leere Flaschen zurückbleiben, trägt sein Übriges dazu bei. Einig sind sich jedoch alle, dass auch die wechselhafte kulinarische Geschichte dieses Ortes untrennbar zum Bild der Stadt gehört. Im Rücken des Dichters befand sich einst ein Kultcafé, dann eine Pizzeria, jetzt wird der Platz ergänzt mit einem kanadischen Bistro. Schon 2003 kam Tanya Harding aus Kanada nach Deutschland und eröffnete nach einigen Jahren als Lehrerin in Arnstadt ihr erstes Restaurant. Ausgezeichnet unter anderem vom Slow-Food-Genussführer musste sie dieses jedoch 2020 schließen und eröffnete das Maple Bistro in Weimar. Das namensgebende Ahornblatt steht natürlich für die kanadische Herkunft, vor allem aber für eine genussvolle Reise durch die kanadische Küche. Kanadische Küche? Was genau ist das? Gerne lässt sich die herzliche Gastgeberin in ein Gespräch darüber verwickeln. Vielfältig sind die Einflüsse, die die Einwanderer einst mitbrachten, man kann nicht anders als überrascht sein angesichts der Variationen von Quiches und Tartes, Salaten und Suppen, Bagels und Baguettes. Und dann sind da natürlich die Süßspeisen, die Torten und das selbst kreierte Eis. All das stellt Tanya Harding aus ökologischen Produkten regionaler Lieferanten her. Dass Essen nicht nur lecker, sondern auch fair und sauber produziert sein muss, ist ihr wichtig. So wird ein lebendiger Ort in der Stadt ergänzt um ein Bistro, das genauso lebendig und vielfältig ist. Hier werden nicht nur Leib und Seele zusammengehalten, sondern können wundervoll bereichert auf Reisen gehen.

TIPP Tanya Hardings Bücher über Thüringer Tapas und Brotkultur gibt es natürlich auch im Bistro zu kaufen.

Maple Bistro, Wielandplatz 2, 99423 Weimar, Tel. (0 36 43) 4 91 18 88
www.tanyaharding.de
ÖPNV: Bus 1/5/6/8, Haltestelle Wielandplatz

67 *Läutraquelle im Park an der Ilm*

Der Park an der Ilm bietet mit seinen Wiesen, Baumgruppen und kleinen Bauwerken unterschiedlichste Möglichkeiten. Hier finden die Studierenden Platz, ihre Lernpausen zu verbringen, Familien treffen sich zum Picknick oder um die Kinder spielen zu lassen, es gibt Orte für Ruhe oder Inspiration suchende Touristen ebenso wie für Rentner oder Jungverliebte. Doch an kaum einer Stelle kommt dies so selbstverständlich zusammen wie am Ochsenauge. Wenn man die Parkwege verlässt und diese Wiese betritt, kann es sich anfühlen, als durchschreite man ein Portal in eine andere Welt. Eine, in der alles zusammenfließt und sich leichter und intensiver zugleich anfühlt. Wie einst steht dort Franz Liszt vor der Felsengrotte, versunken in der Betrachtung der rätselhaften Sphinx, Rentner werden zu Kindern im Glitzern des Quellwassers. Und wenn man auf der Wiese liegt, mit dem Blick in den Himmel, gerahmt vom flirrenden Blattwerk der Zypressen, wird man eins mit dem Gras und der Erde und spürt das Pulsieren der Quellen unter der Stadt. Eine davon entspringt hier in einem kreisrunden Gewässer. Gefahrlos kann man sich der Faszination des nur eine Handbreit tiefen Wassers hingeben. Klar und eisig kalt ist es, darin länger zu stehen, ist eine wahre Mutprobe. Einst war hier ein Waschplatz; aus dem alten Wort „läutern", also reinigen, leitet sich der eigentliche Name Läutraquelle ab. Ein Bächlein fließt vorbei an der Felsgrotte, einem der ältesten Bauwerke im Park, die Kinder folgen mit lustvollem Kichern seinem Lauf unter den mächtigen Bögen der Sternbrücke hindurch bis zur Mündung in die Ilm, wo Enten und Tauben sich nur zu gern füttern lassen, manchmal entdeckt man sogar eine Nutria. Kaum kann man sich lösen vom Überfluss der Natur. Durch die Schatten der hohen Bäume wirft die Sonne helle Leuchtpunkte auf die Wiese, das Plätschern der Quelle dringt mit dem Vogelgesang wie von fern zu uns, an diesen verzauberten Ort, den man mit ganzer Seele in sich aufnimmt.

Läutraquelle im Park an der Ilm (Zugang über Sternbrücke am Schloss), 99425 Weimar
ÖPNV: alle Buslinien, Haltestelle Goetheplatz

Selbstporträt mit Prominenz

68 *Am Goethe-Schiller-Denkmal*

Man kommt in Weimar an Goethe und Schiller nicht vorbei. Oder richtiger: Man kommt ständig an ihnen vorbei. Denn nicht nur, dass das berühmteste Denkmal Weimars (vielleicht sogar Deutschlands) direkt an der zentralen Achse steht, vom Bahnhof durch die Fußgängerzone zum Marktplatz, es befindet sich auch noch an einem höchst geschichtsträchtigen Ort: Zwischen dem Nationaltheater, renommierte Spielstätte großer Inszenierungen, in dem die erste deutsche demokratische Verfassung verkündet wurde, und dem direkt gegenüberliegenden Haus der Weimarer Republik, wo die dazugehörige Zeitgeschichte dargelegt wird. Doch all diese Bedeutungsschwere kann nicht verhehlen, dass der Theaterplatz einer der schönsten der Stadt ist. Die Holzbänke entlang der üppig gestalteten Blumenbeete laden dazu ein, hier seine von der Stadtbesichtigung müden Füße auszuruhen, vielleicht bei einer Kugel Eis aus der nahen Gelateria, dazu lässt man im Schatten der hohen Bäume die Passanten wie in einem Film an sich vorüberziehen, nimmt den Geist der Stadt in sich auf. Dabei betrachtet man die beiden Dichter, die den Ruhm der Kleinstadt weit über ihre Grenzen getragen haben, und die hier in Bronze aus türkischen Kanonen gegossen auf hohem Granitsockel stehen. Doch war Schiller nicht fast 20 Zentimeter größer als Goethe? Warum hält Goethe seinen Freund an der Schulter zurück, wenn auch dieser die Hand nach dem Lorbeerkranz ausstreckt? Trotz dieser Fragen ist kaum ein Ort besser geeignet, das Glück zum Mitnehmen zu ergreifen, indem man sein Smartphone zückt und sich in Positur stellt. Unzählige Fotos des Denkmales gibt es, doch geduldig und ohne sich abzunutzen stellt es sich als Kulisse für jeden Besucher zur Verfügung. Und wenn man dann dort steht, zu Füßen der Dichterfürsten, und gerade das Selfie seinen Verwandten nach Hause geschickt hat und eigentlich weitergehen möchte, dann kann es sein, dass man hört, wie Goethe von hoch oben flüstert: „Verweile doch – du bist so schön!"

Goethe-Schiller-Denkmal, Theaterplatz, 99423 Weimar
ÖPNV: alle Buslinien, Haltestelle Goetheplatz

Mit und für Köpfchen

69 *Das Atelier Die Zwillingsnadeln*

Man betritt das kleine Geschäft so, wie man eine Schatztruhe öffnen würde: ein bisschen neugierig, ein bisschen scheu. Man fühlt sich auf den ersten Blick verzaubert von diesem Wunderland. Umgeben von weißen Kugeln und ein paar ebenso weißen Köpfen, auf denen die unterschiedlichsten Hüte, Hütchen und Kappen sitzen, würde man sich nicht wundern, wenn diese plötzlich zum Leben erwachten, wenn die Kugelköpfe anfingen sich zu drehen, und wenn irgendwoher Harfentöne erklängen oder mindestens Vogelgesang. Doch die einzige Stimme hier ist die von Claudia Köcher, Gründerin und Inhaberin und eine der wenigen Hutmacherinnen Deutschlands. Einen Hut zu tragen, ist Teil des Selbst, so steht es sinngemäß auf der Tafel hinter dem Tresen. Es gibt keine typischen Hutgesichter, nur den unpassenden Hut, so formuliert es Claudia Köcher. Gern und mit leuchtenden Augen erzählt die junge Frau über die Hutmacherei und die Kulturgeschichte der Kopfbedeckung. Es gab eine Zeit, in der man in der Menschenmenge auffiel, wenn man keinen Hut trug, heute hat sich das umgekehrt. Umso mehr ist ein Hut nicht nur ein Symbol der Selbstdarstellung, sondern auch das bewusste Bekenntnis zur Individualität. Und genauso individuell sind die Modelle, die hier im Laden und in der heimischen Werkstatt angefertigt werden. Da werden Materialien ausgewählt, Federn gefärbt, Pailletten gestickt, damit das Ergebnis ein ebenso einzigartiger wie alltagstauglicher Teil der Persönlichkeit wird. International sind die Kunden, und in mehreren Reiseführern und Magazinen wurde Claudia Köcher schon erwähnt. Trotzdem durchzieht den kleinen Laden etwas Märchenhaftes und Geheimnisvolles. Und wenn man sich im Gehen noch einmal umwendet und aus den Augenwinkeln in die Spiegel an den Wänden schaut, dann könnte es sein, dass die weißen Köpfe einem zuzwinkern und die Hüte mit ihren Federn und Bändern einem nachwinken.

TIPP

Das von Claudia Köcher verfasste Buch zum Hut und vor allem zum Selbermachen heißt „Hat Couture".

Die Zwillingsnadeln – Atelier & Store, Windischenstraße 29, 99423 Weimar
www.die-zwillingsnadeln.de
ÖPNV: alle Buslinien, Haltestelle Goetheplatz

Im Märchenwald

70 *Traumhafte Entdeckungen am Landgut Holzdorf*

Man betritt das Gelände durch die breite zweiflügelige Toreinfahrt fast mit ein wenig scheuer Ehrfurcht und ahnt noch die einstige Bedeutung als ritterliches Gut. Ein Lageplan am Eingang lässt die Weitläufigkeit und Vielfalt der Anlage erahnen. Im Weitergehen laden große Schrifttafeln ein, das Café mit Kreativwerkstatt oder die Ausstellung zu besuchen. Gerade Letztere offenbart eine faszinierende Historie, in der Plastik, Malerei und Musik mit internationaler Bedeutung eine wichtige Rolle spielen. Doch der ganz besondere Zauber dieses Ortes zeigt sich, wenn man hinter dem östlichen Gebäudeflügel in den Park eintritt. Überwältigt von dem Naturensemble geht man den Hang hinunter, wild und unberührt wirken die Anpflanzungen, und doch wurde alles hier einst mit Bedacht angelegt: die üppigen Wiesen und Baumgruppen, eine künstliche Alpenlandschaft. Die hohen Nadel- und Laubbäume schaffen eine märchenhafte Kulisse, die Wege schlängeln sich dazwischen, vorbei am Backofen und an Holzstapeln geht man wie durch das Bühnenbild eines Filmes aus alten Zeiten. Herzstück dieser Inszenierung ist der Teich, umgeben von einer niedrigen und verwitterten Natursteinmauer, bedeckt mit Seerosenblättern, am südlichen Ende lagern zwei üppige und bemooste Steinfiguren. Ihnen gegenüber steht das ehemalige Badehaus, es wirkt wie das Hexenhäuschen aus einem russischen Märchen, die rote Farbe blättert an einigen Stellen, die hölzernen Säulen sind mit Schnitzereien verziert. Nichts ist abgesperrt, so ursprünglich und natürlich wie der gesamte Park wirkt auch diese aus der Zeit gefallene Wasserfläche und lädt ein, sich niederzulassen auf der Mauer oder auf der Wiese. Man kann das Auge über die Hänge gleiten lassen und hinauf in die dunklen Tannen, den würzigen Duft der Wiese und der Bäume aufnehmen und der Stille lauschen, in die sich die Vielfalt der Vogellaute mischt. Erinnerungen an die Träume der Kindheit erwachen, der Alltag wird weniger wichtig an diesem verzauberten meditativen Ort.

TIPP Das Gartenkunstwerk ist Teil der Bundesgartenschau Erfurt 2021.

Diakonie Landgut Holzdorf, Otto-Krebs-Weg 5, 99428 Holzdorf/Weimar, Tel. (0 36 43) 77 78 80

ÖPNV: Regionalbahn ab Hauptbahnhof Weimar (Richtung Kranichfeld), Haltestelle Holzdorf

Glücksgefühle im Resi

71 *Residenz Café & Restaurant*

Liegt das Glück in der Genügsamkeit, sich mit wenigem zufrieden geben zu können? Ganz sicher ist das so. Doch manchmal kann dieses glückliche Gefühl auch entstehen, wenn an einem Ort alles Gute zusammenkommt und so für einen Moment keine Wünsche mehr offen bleiben. Ein solcher Ort ist zweifellos das Residenz Café, bekannt als das Resi. Das älteste Caféhaus der Stadt, in dessen hinterem Raum Goethe einst sein erstes Wohnzimmer hatte, ist seit Jahrzehnten Heimat vieler Weimarer. Die älteren von ihnen berichten von ausschweifenden Studentenfeiern zum Rosenmontag, Marlene Dietrich war hier gern zu Gast, in den neueren Gästebüchern stehen Namen wie Gerhard Schröder, Udo Lindenberg oder Günter Jauch. Ob man sich mit der aushängenden Tageszeitung oder dem neu erworbenen Buch in eine der samtgepolsterten Sofaecken kuscheln möchte oder lieber mit Blick auf das wechselnde Grün des Stadtparks seinen Gedanken nachhängt: Das Resi nimmt jedes Bedürfnis, jede Stimmung mit offenen Armen auf. Dass es außerdem noch eine abwechslungsreiche Speisekarte, ein wunderbares Kuchenangebot und auch in Stoßzeiten freundliches Personal gibt, muss eigentlich gar nicht mehr erwähnt werden.

Es ist Frühling in der Stadt, wenn das Resi die Stühle auf die holzbeplankte Terrasse stellt, und nahezu bis zum Jahresende ist der Blick hier ein bisschen wie Kino. Man trinkt einen Cappuccino oder ein Glas Rotwein und schaut auf die Fassade des Gelben Schlosses, fragt sich vielleicht, was die eisernen Buchstaben bedeuten, und davor pendeln, schlendern, hasten Menschen zwischen Markt und Schloss. Oder man sitzt im Wintergarten beim opulenten Champagnerfrühstück für Verliebte, bei einer Familienfeier an der elegant gedeckten Tafel im Goethezimmer oder nimmt den letzten Wein mit Freunden am Ende eines schönen Tages. So ist das Resi ein Ort für jedes Alter, jede Stimmung, jede Tageszeit und Gelegenheit. Ein Ort, an den man immer wieder gerne geht. Man fühlt sich zu Hause hier. So ein Glück!

TIPP

1999 erschien das Buch „Resi – Das Residenz-Café. Weimars ältestes Kaffeehaus", erhältlich vor Ort.

Residenz Café & Restaurant, Grüner Markt 4, 99423 Weimar, Tel. (0 36 43) 5 94 08
www.residenz-cafe.de

ÖPNV: Bus 1/5/6/8, Haltestelle Wielandplatz (500 Meter Fußweg)

Und jedem

Macht hoch die Tür

72 *Weihnachtsmarkt der Bauhaus-Universität*

Seit der Gründung vor über 100 Jahren waren das Bauhaus und seine Studenten und deren Aktionen immer Teil des Weimarer Stadtbildes, auch wenn manchem die Gebäude der Universität wie Teile eines verschlossenen Klosters vorkommen mögen. Doch jedes Jahr am zweiten Adventssamstag öffnen sich die Türen und Tore dieses Klosters, sprich: des Uni-Hauptgebäudes zum Weihnachtsmarkt auf dem Campus unter dem Motto „Kauf dir ein Stück Bauhaus".

Das geschwungene Treppenhaus und die hohen Gänge, die Henry van de Velde einst entwarf, und auch der Innenhof, der das historische Gebäude mit den modernen Erweiterungen verbindet, füllen sich dann mit Gästen, Weimarern und Besuchern, denn was es hier zu sehen, zu entdecken und zu erwerben gibt, ist tatsächlich einzigartig. Studierende, Lehrende und Ehemalige der Bauhaus-Universität stellen ihre Designprodukte vor, Einzelanfertigungen und Kleinserien, Originelles und zukünftige Klassiker.

Ob nun Kerzenständer aus Beton, handgemachte Notizbücher, kuschelige Kakteen und Christbaumschmuck aus alten Fahrradteilen: Hier findet jeder noch ein ganz individuelles Weihnachtsaccessoire, eine Geschenkidee oder im besten Fall eine Inspiration für die eigene Kreativität. Dieser kann man zum Beispiel beim Wettbewerb um das raffinierteste Lebkuchen-Bauhaus freien Lauf lassen, oder man schaut den jungen Künstlern zu, die zarte Grafiken oder kalligrafische Preziosen direkt am Stand erstellen. Am Rande sorgt das Bauhaus-Orchester für eine stimmungsvolle Atmosphäre, und natürlich gibt es auch Glühwein und andere Leckereien im Bauhaus-Café. Einer der heimlichen Höhepunkte ist der Illumat, ein von Kunststudenten erdachter und betriebener „Automat", in den die Besucher ihre ganz eigenen Wünsche einwerfen können, zusammen mit ein paar Münzen. Aus diesen Wünschen zaubert dann der Illumat in wenigen Minuten ganz persönliche Zeichnungen, überraschend und beglückend. So, wie man es sich in der Vorweihnachtszeit wünscht.

Weihnachtsmarkt im und am Hauptgebäude der Bauhaus-Universität, Geschwister-Scholl-Straße 8, 99423 Weimar, www.uni-weimar.de

ÖPNV: Bus 1, Haltestelle Bauhaus-Universität

Wo die Zeit stillsteht

73 *Schloss und Park Weimar-Tiefurt*

Letztlich war es eine Frau: Der heutige Ruhm Weimars geht zum größten Teil auf Anna Amalia zurück, junge Witwe des Herzogs Ernst August, charismatisch und kulturinteressiert. Sie war es, die den renommierten Autoren Wieland als Erzieher ihrer Söhne Carl August und Constantin an den eher unbedeutenden Weimarer Hof holte, und dessen aufklärerische Denkart beeinflusste nicht nur den späteren Großherzog, sondern lockte auch Goethe her. Dem folgten andere, der Rest ist Geschichte. Nachdem Anna Amalia die Regierungsgeschäfte zu dessen 18. Geburtstag an Carl August übergeben hatte, ließ sie das kleine Pächterhaus am Park des dörflichen Tiefurt zu einem Sommerschlösschen umbauen. Auch hierher folgte man ihr: Wieland und Schiller rezitierten an diesem ländlichen Musenhof ihre Verse, Goethe spielte als Schauspieler seine eigenen Stücke, das erste Mozartdenkmal auf deutschem Boden wurde hier errichtet. Trotzdem ist der Park mehr Landschaft als Historie. Nicht inszeniert ist, was es an diesem Ort zu entdecken gibt, sondern auf anheimelnde Weise gemütlich. Nicht touristisch überlaufen, und umso mehr gibt es zu entdecken. Die Kalte Küche zum Beispiel, in der Schaugerichte aus Wachs und Papiermaché seit 200 Jahren schon die herzoglichen Speisen nachbilden. Vom Schloss reicht die Wiese sanft hinunter zum Ufer des Flusses, über den zwei kleine Brücken führen. Auf der anderen Seite bietet ein Steilhang mit mäandernden Wegen wunderschöne Ausblicke auf die Parklandschaft, eine künstlich angelegte Grotte, ganz oben, zieht kleine Entdecker an. Aber vielleicht bleibt man einfach am Ufer sitzen, dort, wo die Kieselsteine ganz flach in den kleinen Fluss übergehen. Man streift Schuhe und Strümpfe ab und wird wieder Kind, wenn das strudelnde Wasser kalt die Knöchel umspült. Man kann das alles verspielt finden, zu idyllisch, romantisch oder gar sentimental. Aber man kann hier nicht anders als leicht und lächelnd sein. Letztlich kann man sich dem Reiz nicht entziehen. Warum sollte man auch?

TIPP

Das Tiefurter Sommertheater bringt alljährlich charmante Inszenierungen auf eine kleine Bühne im Park.

Schloss und Park Weimar-Tiefurt, Hauptstraße 14, 99425 Weimar-Tiefurt

ÖPNV: Bus 3, Endhaltestelle Tiefurt

Informative Busfahrt

74 *Im Belvedere Express durch die Stadt*

Ach, man möchte verzweifeln: So viel gibt es zu sehen in dieser Stadt, so viel zu erfahren, so viele Aspekte und Facetten, so viele Orte von Bedeutung! Wie soll man das nur alles schaffen, wie all die Informationen zusammenfügen, wie bei all dem auch noch den Spaß am Hiersein behalten? Der Belvedere Express schafft es, den Genuss des Entdeckens mit entspannenden Annehmlichkeiten zu verbinden, die gut recherchierten Fakten mit Freude zu vermitteln. Dabei war die Idee des Weimarer Unternehmers Jörg Dietel ebenso einfach wie naheliegend. Denn bereits in den 1960er- und 1970er-Jahren gab es eine Touristenbuslinie mit dem Namen Belvedere Express, als Eigenentwicklung des städtischen Verkehrsunternehmens. Nach dessen Einstellung im Jahr 1973 nahm über 30 Jahre später der neue Bus seine Fahrt durch die Innenstadt und nach Belvedere auf, als werksneuer Nachbau eines historischen Fahrzeuges aus der Zeit des Bauhauses. Nun gut, eine Stadtrundfahrt halt mit dem Bus, mag man sagen. Doch der neue Belvedere Express ist mehr als das. Begleitet wird die bequeme Reise von einem Film, in dem der Weimarer Schauspieler Peter Rauch das außen Sichtbare mit Anekdoten und historischen Bilddokumenten erläutert und bereichert. Die gute Laune ist also frei von Tagesform und Wetterkapriolen garantiert. Ergänzt wurde dieser Komfort vor einigen Jahren durch einen hochmodernen und klimatisierten Panorama-Cabrio-Bus. Was zunächst etwas spröde und technisch klingt, bietet jedoch einen überaus behaglichen Rundumblick, bei schönem Wetter unter freiem Himmel und im Sonnenschein, und wird begleitet von einem ebenso charmanten wie informativen Audiodialog. Alle diese innovativen Ideen und ihre sorgfältige Umsetzung wurden übrigens mit dem Thüringer Marketingpreis und dem Weimarer Wirtschaftspreis ausgezeichnet. Und wie sehr das berechtigt ist, kann man selbst beim Fahren erfahren und vor allem: genießen. Fast möchte man gar nicht mehr aussteigen aus den komfortablen Gefährten!

TIPP

Den 1-stündigen Spielfilm zur Fahrt gibt es auch auf der Internetseite zu sehen.

Belvedere Express und Citytour, Markt 2, 99423 Weimar
www.belvedere-express.de
ÖPNV: Bus 1/5/6/8, Haltestelle Wielandplatz

BE 1
DIE PREISGEKRÖNTE STADTRUNDFAHRT
BE1
MARKT
DIE PREISGEKRÖNTE STADTRUNDFAHRT MIT FILM UND FÜHRUNG
Belvedere Express
BELVEDERE EXPRESS
WEIMAR
WE BE 27

Ein Ort mit Geschichte(n)

75 *Rund um die Jakobskirche*

Noch bis ins 19. Jahrhundert trennte die Stadtmauer dieses Gebiet vom Weimarer Zentrum. Bis heute eröffnet sich ein ganz besonderer Charme, wenn man über das Pflaster der Kleinen und Großen Kirchgasse schlendert, auf der Suche nach dem Jakobskirchhof, dem ältesten der Stadt. Schon lange wird dieser nicht mehr als Begräbnisstätte genutzt, und so wirken die verwitterten Grabsteine mit den historischen Inschriften wie Teile einer Parkanlage, die ihre Geschichten gerne erzählt. Hier liegen Glück und Tragik dicht beieinander: In der Sakristei dieser Kirche ehelichte Goethe seine Christiane, die ihm so viel Freude in sein unstetes Leben brachte, und hier liegt sie begraben, die noch jung vor ihrem Mann starb, unter einer Tafel mit anrührenden Versen des Dichterfürsten. Voller Freude entdeckt man all die anderen Namen wieder, denen man auf den Straßenschildern der Stadt schon begegnet war: dem Maler Lucas Cranach, dem Aufklärer und einstigen Bürgermeister Bode, dem Märchendichter Musäus – man spürt die Nähe des vergangenen Lebens. Das Betreten der Kirche ist ein Ereignis ganz besonderer Art. Man schreitet nicht durch ein verziertes Portal, sondern geht über knarrende Dielen durch eine schlichte Holztür, die fast wie der Eingang in ein Wohnhaus wirkt. Vorbei an dem hellen Kircheninnenraum führt eine schmale Treppe zu den Emporen, auf dem Treppenabsatz ein Regal mit einem Bücherflohmarkt, an der Wand ein paar historische Stadtpläne. Geht man die ausgetretene Holztreppe immer höher, gelangt man irgendwann zur Türmerstube. Immer enger wird die Stiege, und fast fühlt man sich als Eindringling – aber umso lustvoller ist die Entdeckung dieses Aufstieges. Dann endlich der Blick über die Stadt! Nach allen Himmelsrichtungen kann von man hier aus, wie von keinem Ort sonst, über die Dächer Weimars schauen. Wenn man dann nach diesen berührenden Momenten den Weg hinaus sucht, kann es sein, dass man kurz die Orientierung in der Geschichte der Vorstadt verloren hat.

TIPP Im Kassengewölbe, in der Ecke des Kirchhofs, wurde Schiller bei Nacht in einem Massengrab beigesetzt.

Jakobskirche, Am Jakobskirchhof 4, 99423 Weimar
ÖPNV: alle Buslinien, Haltestelle Goetheplatz

Kindliche Freude

76 *Stilles Glück unter der Schaukelbrücke*

Einfach mal die Seele baumeln lassen und die Füße gleich mit, und diese am liebsten dabei noch ins kühle Wasser halten. Unter hohen Bäumen sitzen, die im Sommer Schatten spenden und im Herbst voll von buntem Laub leuchten. Um sich herum nichts als das Rauschen des Flusses am Wehr und das Zwitschern der Vögel. Der Blick gleitet über historisches Fachwerk und alte Baukonstruktionen. Und irgendwo hinter sich, nur einen Steinwurf weit, das pulsierende Leben einer reichhaltigen Kulturstadt. – Das klingt nach dem perfekten Glück? Das gibt es eigentlich gar nicht? Doch, in Weimar gibt es das. Die sogenannte Schaukelbrücke am Südrand des Ilmparkes ist die älteste erhaltene Hängebrücke Deutschlands, eine der ältesten Europas und sie ist ein Einzeldenkmal im UNESCO-Weltkulturerbe „Klassisches Weimar". Doch von dieser großen Bedeutung spürt man wenig, wenn man über die schwankenden Planken geht. Fast 200 Jahre alt ist die Konstruktion, deren Sanierung vor einigen Jahren mit dem Brückenbaupreis ausgezeichnet wurde. Über die aufwendig restaurierten historischen Metallglieder hinweg schaut man zur früheren Hagenbruchschen Spinnmühle, man wippt noch einmal in den Knien und freut sich kindgleich über das Schaukeln der Brücke, dann betritt man den sandknirschenden Parkweg. Abseits davon, nur ein paar Meter hinter der Brücke, lädt eine Schneise im Gras ein, zwischen den Büschen hinunter zum Fluss zu gehen. Ob man das darf? Ist es der romantische Entdeckergeist, ist es die Lust, sich das Verborgene zu eigen zu machen? Wenige Stellen im Park gibt es, wo man abseits des Wegs derart dicht an die Ilm gelangt. Vielleicht sitzt man nur kurz hier auf den großen Steinen, schaut hinüber zur alten Mühle, lauscht dem Rauschen des Bachs und summt das dazugehörige Kinderlied, vielleicht hat man ein Picknick dabei und blättert im Reiseführer, bevor man weiter die Schönheiten der Stadt entdeckt. Man könnte sagen, dass Glück nie vollkommen ist. Aber manchmal ist es ziemlich nahe dran.

TIPP

Nur wenige 100 Meter entfernt lädt das Café im Bienenmuseum zu Imbiss und Getränken ein.

Schaukelbrücke, Belvederer Allee 24, 99425 Weimar
ÖPNV: Bus 1, Haltestelle Falkenburg

Wie Gott in Frankreich

77 *Lebensart und Genuss in der Crêperie du Palais*

Um es gleich vorwegzunehmen: Natürlich geht es in der Crêperie um mehr als nur köstliche flache Teigfladen, gefüllt mit Leckereien wie Maronencreme, gesalzenem Karamell oder nur schlicht mit Puderzucker bestäubt. Aber schon diese allein würden das kleine Bistro-Restaurant zu einem Ort des reinen Glücks machen. Das kleine pastellfarbene Haus mit den großen hölzernen Bogenfenstern im Erdgeschoss steht dort in der Innenstadt wie ein Souvenir aus einer anderen Welt. Und tatsächlich ist das liebevoll sanierte Gebäude eines der wenigen, das noch aus dem 15. Jahrhundert erhalten ist. Seit 2000 beherbergt es auf Initiative eines Südfranzosen ein Café-Restaurant, in dem sich entspannte Gemütlichkeit mit dem Genuss zahlreicher Raffinessen nach original französischen Rezepten verbindet. Süßes und Würziges gibt es hier, wie zum Beispiel die herzhaften Buchweizen-Galettes oder Elsässer Flammkuchen, aromatisch eingelegte Oliven als Begleitung zu duftenden Suppen oder schlichte Tapenaden zu krossem Baguette. Auch der alljährlich ab dem 3. November verkaufte Beaujolais Primeur kann hier verkostet werden, und das alles in einem einladenden, stilvollen Ambiente mit freundlichen Empfehlungen des Personals in blauweißen Hemden. Dass auch die dezente Hintergrundmusik auf die üblichen Popradiosender verzichtet und dafür französische Chansons zu hören sind, wirkt auf wunderbare Weise selbstverständlich. Direkt gegenüber der Crêperie steht trutzig das ehemalige Franziskanerkloster, in dem schon Martin Luther übernachtete. Heute befinden sich darin Konzert- und Übungsräume der Hochschule für Musik, durch die Fenster hört man oft die Studenten mit Klavierstudien oder Klarinettenübungen. Im Halbschatten der jungen Bäume davor hat die Crêperie ein paar Stühle und Tische aufgestellt, hier genießt man mit dem Blick auf den Donndorfbrunnen die Klänge der Musik, die romantische Weimarer Innenstadt, einen frischen Cidre dazu – und, ach ja: die köstlichen Crêpes, natürlich!

Crêperie du Palais, Am Palais 1, 99425 Weimar, Tel. (0 36 43) 40 15 81
www.creperie-weimar.de
ÖPNV: alle Buslinien, Haltestelle Goetheplatz

êperie

Fast wie im Märchen

78 *Schloss Kromsdorf mit Park*

Es war einmal ein kleiner Rittersitz unweit der Residenzstadt Weimar, in dem im 16. Jahrhundert ein Schloss errichtet wurde. Doch warum und seit wann es das Rittergut und das dazugehörige Dorf überhaupt gab, das weiß man nicht genau. Vielleicht ist es dieses kleine Geheimnis, das den Ort Kromsdorf und die großzügige Schlossanlage so faszinierend macht. Oder es ist ganz einfach das hohe Gebäude mit dem niedrigen Turm und den geschwungenen Giebeln und mit den verzierten Torbögen. Vielleicht ist es aber auch der große Garten mit den mächtigen Bäumen, durch den man die Anlage betritt, nachdem man entlang der sprudelnden Ilm den Maria-Pawlowna-Weg aus Tiefurt gekommen ist. Denn hier in der schlichten Umfassungsmauer befinden sich 64 Nischen mit 64 Büsten aus Stein. Einige sehr detailliert ausgearbeitet, andere beschädigt von der Witterung der Jahrhunderte. Historische Persönlichkeiten der Renaissance trifft man hier, Fürsten, Frauen und Feldherren aus Europa und fast allen damals bekannten Ländern wie Peru, Kongo und Japan. Dass auch zu dieser Aufstellung und den historischen Quellen wenig bekannt ist, macht es umso reizvoller, über die Wiesen zu schlendern und sich seine eigenen Geschichten dazu zu erdenken, bevor man sich dem eigentlichen Schloss nähert.

Ein ebenfalls steinerner Bär bewacht den Eingang in das Schlossrestaurant, in dem in rustikaler und stilvoller Atmosphäre thüringische Klassiker und natürlich selbst gebackener Kuchen gereicht werden. Dort befindet sich auch der Aufgang in die historischen Räume, von denen einige für Veranstaltungen genutzt werden.

Es gibt eine ganze Reihe Burganlagen im Umland von Weimar, romantische Ruinen und gepflegte Denkmäler. Doch die drei dicht an der Ilm beieinanderliegenden Anlagen von Burg Denstedt, dem Schlösschen in Tiefurt und eben Schloss Kromsdorf stellen zusammen ein besonders spannungsvolles und faszinierendes Ensemble dar. Aller guten Dinge, sagt man, sind drei. Aller schönen Schlösser auch.

TIPP Der dörfliche Weihnachtsmarkt rund um das Schloss gehört zu den charmantesten in der Umgebung.

Schloss Kromsdorf, Platz der Demokratie 47, 99441 Kromsdorf
www.kulturschlosskromsdorf.de

ÖPNV: Bus 228 ab Busbahnhof oder Hauptbahnhof, Haltestelle Kromsdorf-Nord/Schloss

Aufstieg und Abschied

79 *Die Gärten der Villa Haar*

Und dann kommt irgendwann der Moment, an dem man alles gesehen hat in Weimar. Jeden Geheimtipp hat man aufgespürt, jeder Insiderinformation ist man nachgegangen. Jetzt sind die Koffer gepackt, der Zimmerschlüssel abgegeben, und es bleiben noch ein paar letzte Stunden. Man sucht einen Ort, an dem man all das Gesehene noch einmal Revue passieren lassen kann, nicht zu weit weg vom Zentrum, denn man will ja bald los, aber doch ein wenig abseits der Touristen. Geborgen möchte man sein für diese Momente, sich sammeln, aber es darf auch etwas weitläufiger sein, damit die Kinder noch rumtoben können. Genau ein solcher Ort ist der Garten der Villa Haar. Nach dem Vorbild einer italienischen Villa wurde sie 1885 im Neorenaissancestil errichtet, später wurden der Wintergarten und einige Jugendstilelemente ergänzt, was die Pracht des Gebäudes nur erhöhte. Wenn man im Sommer den Hauptweg des Ilmparks entlangschlendert, kann es schon vorkommen, dass man zwischen Bäumen und Büschen den original erhaltenen Treppenaufgang übersieht. Doch wie fatal wäre das, denn gerade dieser ist ein berauschendes Erlebnis. Über drei Terrassen zieht er sich hinauf zur Villa, begleitet von Natursteinmauern, Anpflanzungen und Wasserbecken. Jeder Schritt wird hier ein Erlebnis, man möchte sich niederlassen, den Duft aufnehmen, das Wasser spüren. Doch die wahre Magie erwartet den Besucher auf der obersten Ebene. Außer den KünstlerGärten, einem langfristigen internationalen Kunstprojekt der Bauhaus-Universität, ist es vor allem die über 100-jährige Rotbuche, die den Besucher fast ehrfürchtig begeistert. Mächtig ist der graue schorfige Stamm, weit ausladend die kräftigen Äste, saftig glänzend die Blätter. Es ist schwer, sich dem Zauber zu entziehen, wenn man unter das Blätterdach tritt, man ist umfangen und geborgen. Hier oben kann man ganz bei sich sein, und man überblickt nicht nur den Garten: Für ein paar Momente scheint das ganze Leben glückvoll geordnet.

TIPP Neben einem einladenden Café und wechselnden Ausstellungen gibt es auch Räume für Feiern.

Villa Haar, Dichterweg 2a (oder Zugang durch den Park vom Corona-Schröter-Weg), 99425 Weimar, Tel. (0 36 43) 77 98 80, www.villahaar.de

ÖPNV: Bus 2/9, Haltestelle Bodelschwinghstraße

Alles hat ein Ende ...

80 *Die Bratwurststände in der Stadt*

Ein Reiseführer für Weimar, noch dazu einer mit Glücksversprechen, kann nicht ohne ein Loblied auf die Bratwurst enden. Denn was dem Sachsen die Eierschecke und dem Friesen das Krabbenbrötchen, das ist dem Thüringer die Thüringer. Frisch und duftend vom Grill ist sie die schnelle Stärkung für unterwegs und schmeckt zu jeder Tageszeit, im Stehen oder Sitzen – und manchmal als herzhaftes Frühstück, nicht nur nach durchzechter Nacht. Das Brötchen, in dem man die Wurst gereicht bekommt, hat dabei eine Doppelfunktion: Es dient der zusätzlichen Sättigung, vor allem aber dazu, die heiße saftige Wurst festzuhalten. Wer es allerdings stilvoller mag, kann diese regionale Köstlichkeit natürlich auch in einer der vielen Gaststätten genießen, mit Kartoffelbrei und Sauerkraut zum Beispiel. Ob man dazu Senf oder Ketchup nimmt, scheidet die Geschmäcker, über die sich bekanntlich nicht streiten lässt. Auch wenn der Streit, wo es die nun tatsächlich beste Bratwurst gibt, wohl nie abschließend beendet sein wird.

Dabei ist ihre Geschichte eine lange: Schon der antike Dichter Homer beschrieb, wie die alten Griechen gefüllte Schweinemägen auf glühenden Kohlen rösteten. Aber es waren die Weimarer Fleischer, die 1432 mit der Fleischhauerordnung eine Art Reinheitsgebot für die Bratwurst erließen. Seit 2004 ist die Bezeichnung Thüringer Rostbratwurst eine von der EU geografisch geschützte Angabe: Nur was hier produziert wird, darf sich auch so nennen.

TIPP **Der wirkliche Bratwurstenthusiast genießt die Wurst ausschließlich mit Senf.**

Natürlich kann man sich die Bratwurst am Stand einpacken lassen, um sie später in der Ferienwohnung oder gar zu Hause noch einmal aufzuwärmen. Doch wenn man direkt am Stand in die krosse Haut beißt und das Grillaroma sich saftig auf die Zunge legt, während über einem der Weimarer Himmel strahlt und eine Pferdekutsche über das Straßenpflaster rattert – dann, ja, dann ist am Ende das Glück vollkommen.

Grillstände in der Innenstadt, z. B. auf dem Frauenplan oder dem Markt
ÖPNV: Bus 1/5/6/8, Haltestelle Wielandplatz

Bibliografische Informationen der Deutschen Nationalbibliothek
Die Deutsche Nationalbibliothek verzeichnet diese Publikation in der Deutschen Nationalbibliografie; detaillierte bibliografische Daten sind im Internet über http://dnb.d-nb.de abrufbar.

Konzeption/Satz: Droste Verlag, Düsseldorf
Einbandgestaltung und Illustrationen: Britta Rungwerth, Düsseldorf, unter Verwendung von Bildern von © Fotolia.com: jd – photodesign.de; © iStock: Plociennik Robert
Fotos: Stefan Hasselmann, außer:
Bauhaus-Universität/Thomas Müller: S. 151; Jörg Dietel: S. 155; Horst Hasselmann: S. 91; Nele Hasselmann: S. 27; Petra Hermann: S. 113; kulturdienst: GmbH: S. 21; RedSunDesign: S. 139; weimar GmbH: S. 73, S. 125 (Thomas Müller); www.stock.adobe.com: S. 167 (Mellimage); www.shutterstock.com: S. 15 (PICTOR PICTURE COMPANY), S. 111 (Shamsiya Saydalieva); www.thisismywork_online: S. 135

MIX
Papier aus verantwortungsvollen Quellen
FSC® C011279

Druck und Bindung: LUC GmbH, Greven
ISBN 978-3-7700-2263-2

www.droste-verlag.de